大学キャリアセンターのぶっちゃけ話

——知的現場主義の就職活動——

沢田健太

バンク新書177

まえがき──キャリアセンターの内側から見えること、言いたいこと

まず、質問させていただきたい。

「キャリアセンター」って、ご存じですか？

この本の著者は妙なことを言う人だ。ご存じもなにも、キャリアセンターはキャリアセンターでしょ。だからなんだってわけ。そう怪訝《けげん》に思った読者は、二十一世紀に大学を卒業したか、就職活動中の大学生、あるいは大学関係者か人事マンだろう。

とりわけ就職活動生からしたら、ふだん普通名詞で使っている単語を、わざわざ問われる理由がわからなくて当然だ。悪意はない質問なので、眉間に皺《しわ》をよせないでほしい。

対して、二十世紀に大学を出た方々はどうか。

正直なところ、「よくわからない」のでは？

いつぞやもご年配の卒業生に「就職課がキャリアセンターとは垢《あか》抜けましたね」と感心されて戸惑ったのだが、今現在の大学（特に私大）でキャリアセンターを設置していないところのほうが例外的だ。そこから説明しないといけない方が意外に多い。

大学生の就職難や大学の経営難が叫ばれる中、いろんな意味で注目されているキャリアセンターも一般認知度はまだら模様である。

ちなみに、ご存じか否かを二つの世紀に対応させたのは、キャリアセンターの設立ラッシュが二十一世紀の初っ端《しょぱな》だったから。それ以降に大学生の就職活動や新卒採用に関わった方とそうでない方との間には、まだまだ大きな認知の差がある。

＊　＊　＊

キャリアセンターの重要任務は、大学という閉じた世界と企業社会の橋渡し役だ。単なる学生の就職支援にとどまらない、大学内の機関であるからこそ可能なキャリア教育を推し進めることも重大な使命だ。

私はそこに人生を賭ける価値があると信じ、イケイケな一般企業勤めを経て大学に、それもキャリア教育の世界へ転身した人間である。以来、田舎のミニ大学から東京のマンモス大学まで渡り歩いてきたが、どこにでもキャリアセンターが担うべき役割は山ほどあると実感している。転身を後悔したことは一度もない。

しかし、そこで働けば働くほど苛立ちを覚える。おいおい、このクルマは居眠り運転をしているのか、と驚くことが少なくない。不満も相当たまっている。

全入時代で生き残り競争が激しくなるにつれ、大学はキャリアセンターの充実度を高らかに謳いたがるようになった。が、はたしてそれだけの内実がともなっているのだろうか。かつての就職課（就職部）時代よりも進化したと言えるのだろうか。

私には疑問だ。

だからいま思うところを、素直にぶっちゃけたいと思う。広く一般のみなさんに、大学キャリアセンターやキャリア教育の現状を知っていただき、歴史的な就職難にさらされている学生の支援のあり方を考え直したいからだ。

遠慮なく言うと、大学には就職支援の面で、工夫足らずのルーチンワークに明け暮れるだけの「事務方」で良しとする体質がいまだにある。

大学は教員とキャリアセンター職員が手を結んで、さまざまなプログラムを提供していると宣伝するが、教員はさておき、少なくとも職員のほうは、どう贔屓目《ひいき》に見てもいまだにキャリア教育の素人が多い。

問題だらけなのに「キャリア教育」という言葉ばかりが急ぎ足で独り歩きをしていく先を私はとても心配している。就活・採活コンサルタントのような、あやしげな業者がキャンパス内で跳梁跋扈《ちょうりょうばっこ》しているのはヤバいと感じる。

早い大学では、学内にキャリアセンターを設置して十年以上経つ。まだ十年、ではなく、もう十年である。そろそろ、これまで自分たちが何をやってきて何ができていないか、できていない原因はどこにあるのか、ソーカツすべきだと思う。

＊　＊　＊

本書の構成はこうした。

はじめに、「大震災以降の就職活動プロセスについて」で、就活の現状と今後の流れをざっくり頭に入れてほしい。

そして、第1章では、現在の大学キャリアセンターが抱える諸問題と、そうなってしまう構造を一通り述べさせていただく。

たかだか片手の指で足りる数の大学で働いてきただけの若僧に（と言っても〝中年〟です）何がわかるんだ。そんな声は本書の出版を考え始めて以来、ずっと私の頭の中で響いているし、業務経験を通じて私が見てきたことは主観的なものだと自覚している。

独り善がりの極論にならないよう気をつけて、身の丈にあった話を心がけたい。

ただ、幸いなことに、それなりの年月をいまの仕事に捧げているうち、それこそ「ぶっちゃけ」ベースで語り合える同業の仲間がたくさんできた。さまざまな大学で働く彼ら彼女らとの交流で、かなりの程度に普遍的と言えるキャリアセンターやキャリア教育の現状はつかんでいるつもりだ。本書の制作中も折にふれ仲間に意見を求めた。

第2章では、キャリアセンターの中の人だからこそ見える、就職活動の実態と企業人事の素顔を言葉にしてみよう。どうしても批判的な話が多くなってしまうが、心ある人事マンのご参考になれば幸いである。

第3章は就職活動生に焦点をあてる。就活必勝本のたぐいの著者で私塾のような場を開いている方がよくいる。そうした場に関わる学生たちは就職活動生の平均像ではないし、性格や能力のバリエーションに富んでいるわけでもない。

比して、大学のキャリアセンターには本当にいろいろな学生が来る。特に、要領の悪い「困った」タイプをセンター職員はたくさん相手にしてきている。就職活動で誰が苦労しているかと言ったらそんなタイプの学生なわけで、その姿を含めて、ここでもキャリアセンターの中の人だからこそ見える最近の就職活動生について紹介したい。

また、キャリアセンターという公の場ではなかなか口にしにくい、厳しい現実に即したリアルな助言も大学生の読者向けにしたい。気をつけるべきはココなんだよ！と。

第4章では、大学生や大学受験生の保護者の方々向けに語らせていただく。実際のキャリアセンターでも、我が子の就職について気が気でない親御さんに何を提供できるか、暗中模索が始まっている。

私が就職活動生の親だったら——。そう仮定して、この章には具体的な提言をたくさん盛りこもう。いまどきの大学生を子に持ったつもりで、自分事として考えてみる。

＊　＊　＊

本書は大学生の就職支援、キャリア教育に携わっている当事者による内部批判書である。批判だけでなく、改革案や、リアルな就活対策にもページを割きたい。

言いたいことは山ほどある。躊躇《ちゅうちょ》なく言わせていただく。

そのためには、私の正体をすっかり明かすと各方面に迷惑がかかる。著者名をどうするかについては、ぎりぎりまで迷ってペンネームとした。

大学のキャリア教育は、一度立ち止まって自分の姿と取り巻く環境を見つめ直す時期にある。関係者にはそう気づいてもらうための本になることを願いつつ、ぶっちゃけトークを始めさせていただく。

二〇一一年九月吉日　著者敬白

目次

2 大学職員の正体とキャリアカウンセラーの限界……49

3 学生に手渡せない「使える」就職情報……70

第2章 採用する側の論理とテクニック……91

第3章 就職活動生はこう見られている……149

第4章 保護者は隠れた戦力である……217

大震災以降の就職活動プロセスについて

二〇一一年三月一一日の午後二時四六分、宮城県牡鹿《おしか》半島の東南東沖一三〇km、深さ二四kmを震源にマグニチュード九・〇の巨大地震が発生した。

この地震はいまなお大勢の人々に甚大な被害をもたらし続けているが、大学生の就職活動にはどんな影響を与えたのか、これからの就職活動の見通しはどうなるのか。

本編に入る前に、ざっと説明と予測をしておきたい。

地震は就職活動生にとっても青天の霹靂《へきれき》だった。プロセスとしては採用選考が始まったか、始まる直前の時期であった。そして、多くの企業は採用活動全般を緊急停止、選考も白紙に戻した。

ようやく仕切り直しの選考を開始したのは、就職活動生が四年生になっての六月頃からだ。学生たちは、さていよいよ本番だというところで、二カ月半以上の足止めを食ったわけである。せっかく盛りあげたやる気がみんな殺《そ》がれてしまった。

以降も、不透明さを増した経済環境下で及び腰の経営者が多いのか、最終選考で落とされる学生がやたらと目立つ。また、夏休み以降に採用活動を本格化させる企業もけっこうあり、現四年生の就職活動はめちゃくちゃな状況になっている。

以前より忙しくなる採用選考

では、二〇一三年度入社となる現三年生の就職活動はどうなりそうか？

地震の影響とは別に昨年の夏あたりから、就職活動の時期を見直す、というテーマが、さまざまなシンポジウムや関連各団体の提言等で共通認識となっている。でもって、二〇一三年度入社組から就職活動のスタートを、つまり会社説明会を一二月解禁にするというコンセンサスができた。

これまでだと、九月下旬から一〇月上旬に就職ナビサイトがオープン、続いて合同企業説明会やフォーラムなどが開かれ、学生たちは年内をかけていろいろ見てまわり、世の中にはどんな会社があるのか、どんな仕事があるのか、知っていった。そして、年明け後に興味のわいた企業説明会に参加し、二月あたりから志望企業へエントリーシートを送り、筆記試験を受け、面接へ。こうした流れを基本形としていた。

企業説明会が一二月解禁になり、就職活動のスタートが二カ月から三カ月遅くなる。でも、全体が後ろにずれるわけではなく、四月一日の選考開始、面接スタートは変わらない。

だから、以前のようにあちこちの説明会に行って、考えて、選んで、研究し、迷いつつも応募書類を作成する、といった試行錯誤を短い期間で行うことになる。

四月一日が動きにくいのは企業の論理で致し方ない。自社だけ選考を遅らせたら、優秀な学生をライバルに奪われてしまう。そうした論理というか、心理によって、そもそも新卒採用活動の早期化が激しくなった経緯があり、それを横並びで一応、四月一日に抑えたのだから（無視して、もっと前に選考活動をする企業は少なくないけれど）。

いずれにしても、就職活動生は短期でまわれる企業数が限られてくる。以前よりタイトに動くことが求められるのだ。一方で、企業側も短期で自社の説明をしなければならず、選考活動もタイトになる。

具体的には、企業説明会の回数、とりわけ各大学で開いていた学内合同企業説明会への参加を絞らざるをえなくなるだろう。偏差値的に高いとはいえない大学、これまでの採用実績が少ない大学に、企業側がマンパワーをかけられない状態になると予想される。

そうなると一部の有力大学の学生以外は、もともと人でごった返し、個別企業と話をする時間の取りにくかった大規模な合同説明会の参加が、活動前半部分のメインになってしまう。

試行錯誤を重ねる暇もなく時間だけが過ぎ、選考の申し込み期限がやってきて、書類がうまく書けない、まだ企業を吟味していない段階で応募する、といった就職活動に陥る危険性が増えると思われる。

これまでは時間的に余裕があったので、いろいろ横道にそれたり寄り道をしながら、ここはいいなと思い受けて落ちたり、考え直したり、徐々に就職の目鼻をつけていくことができた。これからの就職活動生はそれがあまりできなくなる。ウロチョロする余裕がなくなるので、自分のやるべきことを精査しなければならない。

説明会にとりあえず話を聞きに行こうではなく、何のために参加するのか、何を聞くのか、自分の行動の意味が早い段階から問われてくる。(現在も存在する)説明会参加のための選考をする企業も増えるだろうから、のんびり構えていられない。

二極化する就職活動に向けて

また、話が矛盾するようだが、就職活動期間が長くなることも予想される。

四月に採用選考を受け、五月末から六月にかけて最初の内定の波が来る。多くの学生は

▶図表A　予想される2013年度入社組の就活プロセス

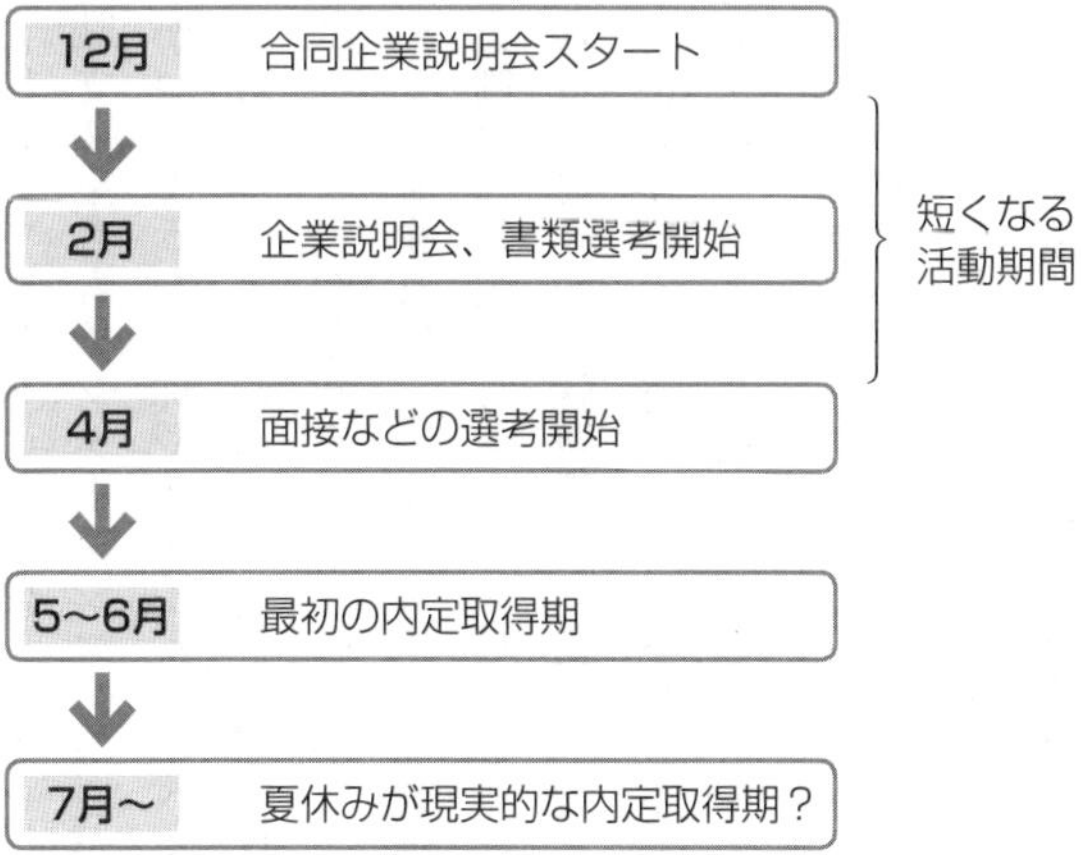

そこで内定を取ろうと活動するわけだが、それが必ずしもメジャーなやり方ではなくて、もしかするとマイナーになるかもしれない。

四月一日の採用選考スタートからしばらくは、複数の企業の面接日が重なったりして、自ずと就職活動が制約される。実際に多くの学生が内定を取るのは夏休みになる可能性も高い。むしろそう覚悟してやらないと、春に落ちてダメだと思って、自分を追い詰めてしまうことになりかねない。

では、自分に余裕を持つためにも一二月解禁の合同企業説明会から活動を始めるのではなく、もっと前に動けばいいのではないか。

現実的にはそうだろう。学生は一二月までに、OB・OG訪問を手段とした会社研究、仕事調べをしておくべきだ。ネットワークを駆使して、独力でウロチョロしよう。身近な社会人に頼んで、仕事の話を聞くのもいいし、新聞の経済面を読む習慣も身につけたい。

就職支援業者もインターンシップの夏が終わってから一二月までの空白期間に、これまでなかったような名称やスタイルのイベントを催すだろうが、基本はあくまで自主的な準備にある。一二月になって、「どんな会社がありますか?」と言っているようでは、そのあとにコケて当然と考えてほしい。

醒めて予測すれば、いままで以上に就職活動の二極化が起きるだろう。

企業側は二月頃からトップスピードで採用活動（説明会・書類選考）を始める。その波に乗れるかどうかで就職活動の長さが大きく変わる。波に乗れなかった学生は四年の夏、秋まで活動が続く。春にフェイドアウトし、夏になって「このままじゃいけない」と活動を再開するパターンも増えるだろう。で、夏以降は次の就職活動生の三年生がもう動き始めている。

キャリアセンターとしては、二世代対応の時代の到来である。三年生と四年生の対応を同時に行う、年がら年中忙しい部署となる。この新しい就職活動プロセスは、よほどの何かが起きない限り、二〇一三年度入社組から先も同じようなことになると思われる。

第1章

キャリアセンターの事情

1 就職課はキャリアセンターに「進化」したか？

はじめに歴史の話をする。

といっても、大学史のごくごく一部であるキャリアセンターの成り立ちをさらりとだ。

「失われた十年」がキャリアセンターを生んだ

日本で初めてキャリアセンターを設立したのは、一九九九年の立命館大学である。

九十年代の早いうちから、「政治運動が盛んだった関西のビンボー学生大学」といったイメージの払拭に躍起となっていた立命館は、当時、キャンパスの新設や学部の再編で目立っていた。そして、地味に就職支援の新しい取り組みも進めていた。

バブル崩壊後の長引く平成不況の中、景気が悪いのに日本の大学進学率は上がり続ける。このねじれ構造が引き起こす就職難に、企業の採用活動スタート直前からの就職支援では間に合わない。三年生の前期から尻を叩いても遅いくらいかもしれない。より低学年から手をかけてあげなければ、「大学は出たけれど」職のない子が増えてしまう――。

こうした意識を持っていた大学は、立命館以外にもたくさんあったようだ。

二〇〇〇年前後には大卒フリーターが大発生だ、とマスコミが社会問題視するようになった。はじめは若者批判として、のちに構造問題であると指摘されるようになる。が、当事者の大学は、ヒョーロンしている場合じゃなかった。

「とにもかくにも、フリーターになってはいけない！」

「就職はキミたちの想像以上に大変だ。だから早いうちから準備しよう！」

従来の大学教育とはややスタンスの異なる、煽り気味の檄を飛ばした。

正規社員就職者数がガタ落ちした中堅以下の私大の危機意識は相当なものだった。

そして、二〇〇三年あたりから有名大学を中心に、キャリアセンター設立ラッシュが始まる。二〇〇五年頃にはもう、キャリアセンターは全国的にメジャーな大学内機関の名称となり、学部教育との連携も盛んに議論されるようになってきた。一、二年生対象に就職活動入門のような講座を設ける大学も増えていた。

キャリアセンターはもはや、対外的な「大学の顔」のひとつだ。儀礼的な学長のご挨拶ページをなくし、大学パンフレットの最初のほうのページをキャリアセンター紹介に割い

▶図表B　キャリアセンター改組（設立）年表

主な大学での設立年		関連する動き
1999年	立命館大学	
2000年	帝京大学	この頃からリクルートナビ（現「リクナビ」）が就活市場で巨大なシェアを獲得
2001年	京都大学	小泉内閣が発足
2002年	立教大学、早稲田大学	厚労省が「キャリア・コンサルタント５万人計画」を決定
2003年	中央大学	文科省が教育GPをスタート。内閣府「人間力戦略研究会」がキャリア教育の積極的推進を提言
2004年	駒澤大学、明治学院大学、東洋大学、関西大学、同志社大学、一橋大学	独立ベンチャー運営の「みんなの就職活動日記」を楽天が買収。この頃からニートに関する論争が盛んになる
2005年	亜細亜大学、法政大学、専修大学、東京大学	就職氷河期と呼ばれた時期がこの頃まで続く
2006年	明治大学、関西学院大学、信州大学	文科省「キャリア教育実践プロジェクト」開始
2007年	神戸大学、山梨大学、宇都宮大学	アメリカではサブプライム住宅ローン危機が勃発
2008年		教育振興基本計画において特に重点的に取り組むべき事項として、「キャリア教育・職業教育の推進と生涯を通じた学び直しの機会の提供の推進」が挙げられる

※なお、キャリアセンターは、各大学によってキャリア支援センター、キャリアサポートセンター、キャリア形成支援センターなど、さまざまな名称になっているがここでは割愛する。

て「本気の就職支援」を伝えんとする大学もある。

教育機関において裏方的存在であった、「就職課」や「就職部」が死語となる日もそう遠くないだろう。

横並びで動いて飛びついた新しい看板

かなり簡略したけれど、大学キャリアセンターはこんなふうに急速な広がりを見せていったのである。背景には不況と大学進学率の上昇、それにともなう学生の質の多様化、必然的に求められた手厚い就職支援があったわけだが、より直接的なキャリアセンター設立の「動機」としては二つのポイントが指摘できるだろう。

一つは、偏差値階層や地域ごとに横並びで動く大学業界の体質だ。似た者同士のグループ内でどこかの大学が新しい仕組みを導入すると、すぐさまそれに続かないではいられない。ほとんどの大学は自分だけ時代の流行から置いていかれることをひどく恐れる。まるで群れたがりの女子中高生のように。

だから、キャリアセンターも連鎖反応で続出したのだ。

もう一つは、対外的に「就職に強い大学」であることを示すのに、象徴として打ち出しやすい「キャリアセンター」なる新語の魅力。

入学者の募集定員割れ校でもある就職困難校には、受験生集めの材料として格好だった。大学のどんな新しい取り組みも、たいてい機を見るに敏な首都圏や関西の有力校がはじめに手がける。そこから中堅以下の大学や地方の大学に広がっていくのが常だけれど、キャリアセンターの設立は下位校、無名校への連鎖が実に早かった。

生存競争にさらされている大学の切迫感は強かった。なにより学生の保護者からの「不出来な我が子でも、とにかく大学を出たら、それなりのところに就職させてやりたい」という声に応えなければならない。それが無理ならば、「たいして勉強する気もない我が子に何百万円もかけて大学に行かせる意味がない」とさえ思っている保護者の多さに危機感を募らせていた。

そうした大学は突貫工事で「就職課」を横文字表記にした。看板の掛け替えだけなら、予算がなくてもすぐにできた（有力校の「キャリアセンター」だって見掛け倒しで中身スカスカが主流だ）。

国公立大学は、それでもまだ地元の理系就職を中心に強みがあることと、体質として学内調整に時間がかかること、そして「大学生の本分は学業である」といった考え方が根強く、いまも「就職部」のままにしているところがある。

ただし、二〇〇一年には京都大学が就職支援の専門職員を配置したキャリアサポートセンターを、二〇〇五年には東京大学も学部ごとにバラバラだった就職支援を大学単位で引き受けるキャリアサポート室をそれぞれ設置している。生き残りのための必死なキャリアセンターといった位置づけとは少し違うが、国公立大学の世界も全体的には私大と同じ方向を向いている。

「就職課」とは違うの？　変わらないの？

ならば、そのキャリアセンターなる機関は、つまるところ、昔の就職課（就職部）がパワーアップした大学内就職予備校のような存在を目指しているのか？

ノーとも、イエスともいえる。

私はノーの意見なのだが、その一番の理由はやっぱりそこも「教育機関」だからである。大学教育とキャリア形成支援はつながっていてこそだと考えるからである。

キャリアセンターはさまざまなプログラムを通して、学生が卒業後の進路や生き方を考えられる機会を提供し、彼らが大学での学びを再構築していけるように支援することが求められている。

就職（活動）は、学生にとって大きな関心事ではあるが、低学年次から採用試験対策（筆記試験や面接への準備）のような講座をキャリアセンターが積極的に行うことは、マニュアル依存の学生を世に送り出すことにもつながりうる。それよりは、学生が一般教養科目や専門科目、あるいはゼミ活動などを通して、世の中の流れを知り、変化する社会のなかで私たちはどのように生きていくのか、を考えさせる方が意義深い。

学内において、もっとも学外との接点が多いキャリアセンターだからこそ、多様な学問と密接に絡み合いながら、学生がそれらを学ぶ社会的意義を見いだせるように、気づきを与えていくことが、教育機関の一員としての基本姿勢であると思う。

景気が悪化するたびにニュースで取り上げられる「派遣切り」「内定取り消し」「不法就労」などの、厳しい現実に抵抗していく力をつけさせることも大切な支援だ。

さらに強弁すれば、変化が激しい社会で生きていくには、常に最先端の知識や技術にキャッチアップする必要があり、各々の持ち場を広く捉えて「学び続ける」姿勢が不可欠である。そうした「学び習慣」や「学び方（問いのたて方）」を身につけるのが大学教育における〝学び〟であり、その重要性を気づかせるのがキャリアセンターの役目なのだ。

にもかかわらず、いつまでたっても「自己分析」と「企業研究」、プラス職業体験（インターンシップ）の三点セットを体よく整えたものがキャリア形成支援とするならば、キャリアセンターは相変わらず時局に振りまわされながらの就職支援しかできないと思う。低学年次向けのキャリア形成支援の講座には学生が集まらないからと、正規の授業として単位化したものをキャリア教育と呼んでいる大学も少なくないが、であればなおいっそう内容が教育からかけ離れてはいけない。

難しい話をしているんじゃない。社会と大学での学びをつなげればいいんだ。学生の学びと企業社会や職業との関連性を見いだせるように結びつけてあげるのだ。

たとえば、学生がインターンシップに参加してきたとする。キャリア教育者は、「はい、企業社会の勉強ができましたね。就職活動の企業選びに活かしましょうね」で終わりじゃなく、営業マンの鞄持ちを経験した学生に「顧客開拓って大変そうだったでしょ。マーケティングの勉強をすると彼らの仕事をもっと理解できるよ」と誘う。

べつの学生は総務部でコピー取りばかりやらされていたとぼやく。ならば、「会社の仕事には文書や報告書作りがたくさんあるよね。大学のレポート書きって、その訓練になるんじゃないかな」と囁く。

「働き過ぎで疲れた社員ばかりでした」と呆れて帰ってきた学生に対しては、「働いている社員自らが健全な職場作りに取り組むことも大切だよね。そのためには、最低限の知識として労働法って大事だよな」とつぶやく。あるいは、「もし、そういった人を支えられる人になりたいのなら、メンタルヘルスを学ぶのもありかな」とつけ加える。

要するに、それを格好の機会として、学生が大学で学べることの社会的意義を明示してあげるのだ。

すべての学問が企業社会の活動と直線的に結びつけられるわけじゃない。学問のための学問といったアカデミズムの存在も認めなければいけない。でも、大学での学びを広く捉えれば、そここに卒業後のためになる意味は見いだせる。

大学教員の多くは学問のための学問を追い求めてきた純粋な研究者だ。自分の専門領域には惜しげもなく時間を費やし、課題の解明に全力を注ぐ。そのため、どうしても教員の頭の中はタコツボ化しやすい。自分の専門領域外には興味関心が薄くなりがちだ。

一方、受講する側は、そういった専門家になるつもりのない学生が大多数である。そのような環境下で正課としてキャリア教育を展開していくには、心理学や経営学といった近接領域の教員が担当する場合においても、やはり実社会との繋がりをもつキャリアセンターのサポートが必要であろう。

だからこそ、キャリアセンターは、これまでに培ってきた進路指導としての就職支援を中核に据えながらも、社会との接点という強みを教育的に活用する仕組みを模索し、実践していくべきなのである。

問題だらけの企業社会に「適応」すればいい!?

しかし、実際の大学キャリアセンターは「失われた十年」が生んだ。

理念的には就職予備校であるわけがないのだが、現実的には企業が売上や利益向上のために励むのと同じように、キャリアセンターも就職活動生の内定獲得に勤《いそ》しんでいる。内定率を気にするあまり、就職予備校となりつつあるところも実在する。

うちの学生を企業様に雇っていただく、が大前提。

つまるところは企業のお眼鏡にかなう学生の数をどう増やすか。

本来の理念とはだいぶズレている、そうしたキャリア教育を「行き過ぎた適応主義」と批判したい。

現に〝やる気のある〟キャリアセンター職員が、やっていることの基本形はこうだ。

ここにひとつの求人がある。この求人はキミに合うよと学生を呼び出す。提出書類の作成を手伝い、面接のシミュレーションを行い、ムリヤリにでも受けさせる。内定ゲットまでひたすら伴走する。

そんなベタベタの就職支援も、私は一部あっていいと思っている。

大学としては就職実績となり、学生はフリーターにならずに済む。合理的な支援だ。

ただし、就職支援の現場でそうするするとうまくいくケースなんてたいしてない。就職活動期に支援できることは限られている。本人次第である部分が大きい。

だから低学年次のキャリア教育に力を入れましょう、となる。

そして、呪文のように繰り返す。

就職ではコミュニケーション能力が肝だから、一、二年次から対人スキルをみがこう。ゼミでもサークルでもなんでもいい、キャンパス内のなにかの活動に参加し、人と意見を交換しよう。アルバイトやインターンシップも大事だ。積極的に行動範囲を広げ、なんでもいいからやり遂げた経験を積み、自信を持って大人と話ができる人間になろう。

こうした呼びかけに、学生たちはもう飽き飽きしている。

だって、企業側の問題に触れないで自分たちばかり「変われ」とするメッセージはおかしいだろう、と。就職はしたいけど、就職するためだけで大学に入ったわけじゃないもの。大学全入時代で程度が落ちた、ゆとり教育でバカになった、などなど言われ放題の学生たちとて、大人の論理のウソには敏感だ。彼らは大人の振る舞いをよく見ている。

私がいまのキャリア教育を批判する「行き過ぎた適応主義」を、学生たちの少なからずが自然と読み取っている。

コミュニケーション能力はつけたほうがいい。しかし、大人が一方的に若者のコミュニケーション能力不足を非難する社会はおかしい。

職場や隣近所の人間関係を思い浮かべれば、大人だって「自分のことを棚にあげて……」と気づけるのではないだろうか。残念なことに、学生にとって最も身近なところにいる大学の教職員には、こうした能力の低いオトナが非常に多いのだから。

そもそも、企業社会が口を揃えて言う、コミュニケーション能力ってなんのことだろう。必要性をうたうなら、どうすれば向上するのかも併せて言ってほしい。

大学は「元リクルート」の優良顧客

私の言う「行き過ぎた適応主義」はなぜ横行しているのか。

キャリアセンターを擁護するつもりはないのだが、これについてはもう少しの説明を要する。内部ではこんなことが起きていた（いる）。

なんせ急な「就職課」から「キャリアセンター」への看板の掛け替えだった。旧就職課の職員たちは、「看板をそうしたから、中身のほう、よろしくね」とだけ大学の上層部から言われた。

さて困った。キャリアセンターではキャリア形成支援も担当するらしい。

それって何をすればいいの？

同業者の恥をさらすことになってしまうけど、誕生したてのキャリアセンターは突然のお題に戸惑ったのである。低学年向けのキャリア形成支援をやるにせよ、知識もスキルもマンパワーもない。ありきたりの就職活動入門講座を開くことくらいしかアイデアが浮かばない。

そこで、どうしたのか。どうなったのか。

キャリア形成支援部分を業者に丸投げするキャリアセンターが多数出てきたのである。

▶**図表C**　文部科学省によるＧＰのキーワードの一つである「積極的な社会への情報提供」についての説明（文部科学省HPより）

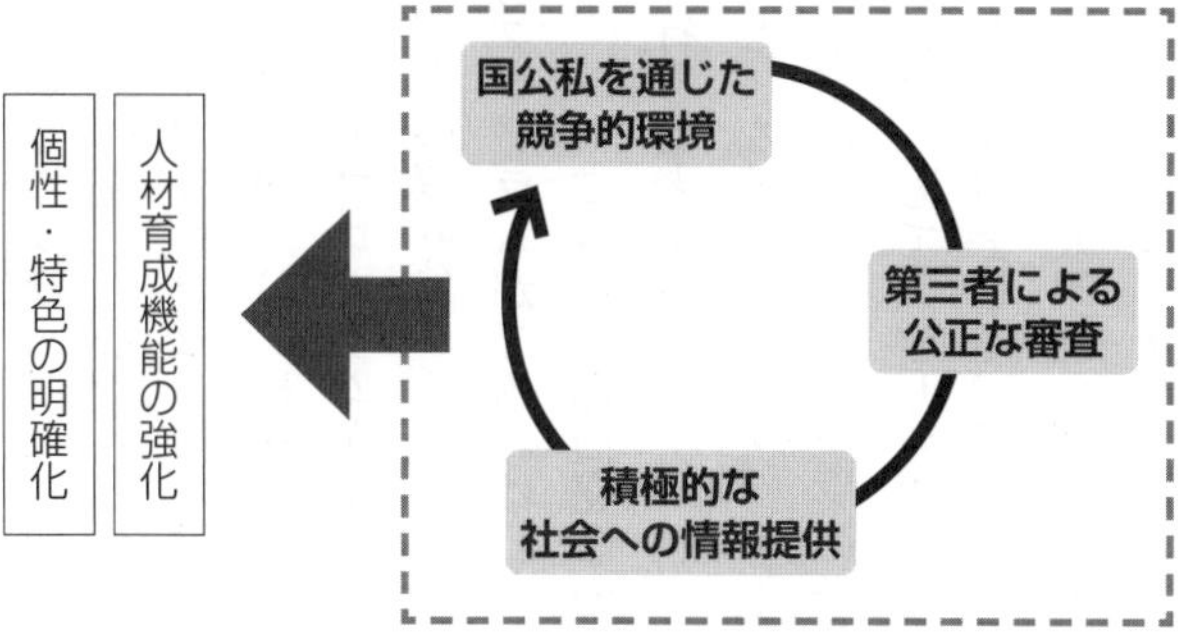

大学や学部のほうまで、単位化したキャリア教育の授業をゆるゆるの人選で「教育者ではない人」に投げてしまった。企業に就職したことがない教員には大学の外の世界がまるでわからないからだ。

別角度から説明し直す。キャリアセンターが一挙に誕生した二〇〇〇年代、ちょうど国が教育ＧＰ（Good Practice）に力を注いでいた。特色のある大学教育プログラムには支援金が出る。不景気であらゆる予算が削減傾向のなか、久々に景気の良い話である。それに業者らが目をつけたのだ。

業者らはまず、独力でプログラムを組めない大学に釣り鉤《ばり》を垂らした。受験生数減少で苦しむ小さな大学は反射食いした。

有名大学に「ボランティアでやりますよ」と接触する業者もいた。そこで「実績」を出して、他の大学へ売りこむやり方だ（いまでも盛んにやっている）。

全学生の面談、カウンセラーの常駐、卒業生の就業支援……と項目を作り、概算を見積もる。ものによるが、GPに採択されると一件あたりおよそ数千万円の支援金が出る。期間は三年か五年のプログラムが多い。

それでは業者の取り分はさほどの額にならない、と思われる方もいらっしゃるだろうが、一件の成功プログラムができれば、あとは大学ごとにちょっとずつ中身を調整するだけで量産できる。けっこう稼げる商売なのである。であるからして、申請書の作成代行、面接の代理まで行う業者もいる。

GP狙いじゃなくても、大学はいいお客さんだ。大学淘汰の時代だなんだと騒がれても、内部で働く事務職員たちは、企業の厳しい生き残り競争を知らない。

この大学にどうして入学したのか、この大学でどんなに成長しているか、インターンシップではこんな経験をして、三年次から本格的にこういう就職活動を始めました……。

いかにも優等生な大学生のグローイング・アップ・ストーリーを、大学ホームページのキャリアセンター用コンテンツとして提案する。で、学生インタビューやそれらしいビジュアル要素を孫請け制作会社に作らせて、がっぽりマージンを頂戴する。

大学で食べている業者はうじゃうじゃいる。なかでも目立つのは、元リクルート社員が立ち上げたニッチ狙いの人事コンサルタント会社みたいなところだ。

就職活動支援と並行して企業の採用活動支援を手がけている業者も多い。自ずとプログラムやコンテンツの考え方は「適応主義」そのものとなる。企業様にウケのよさそうなキャリア教育のキャッチフレーズはこうですよ、と。

口八丁手八丁、海千山千のコンサルさんにコロリとやられるキャリアセンター長、学部長、学長、理事長といった大学のエラいヒトビトは後を絶たない（何度も言うが、大学は企業社会を知らない。ゆえに業者依存してしまう）。

学生はじきに騙されなくなっても、かくしてキャリアセンターの自主努力の空洞化は進むわけである。

行き過ぎている三つの主義

単位化したキャリア教育の授業については、学生が無視できないだけに、安易に外部の「教育者でない人」を使うことは罪作りだと思う。

これも導入当初は「誰がやるの?」という困惑から始まった。

単位がつくからには教員がやらねばならない。けれども、キャリア教育の専門家は日本に数えるほどしかいない。必然、他の専門の教員が担当することになるわけだが、たいていの学者の皆さんは学業のじゃまになる「就職活動に手を貸す」だなんてまっぴら御免だ。法学部など伝統的な学部の教員ほど協力を得にくい。

結局どこの大学でも、心理学、経済学、経営学といった隣接領域の教員を拝み倒したり、キャリアセンターの者が職員教員のような形で授業を受け持ったり。そして、それでも絶対的に教員数は足りず、相当数のコマを先述の「業者」の関係者とか、ブランド企業をリタイアした人事経験者とかに任せることになった。

隣接領域の教員担当の場合は、単にキャリア教育の名がついた各専門の授業になりがちだ。元人事や元エリートビジネスマンの授業は、「社員時代の自慢話や偉そうな説教ばかり」と学生の不満が噴出しがちである。挙句の果てには、学生から「これが大学教育ですか?」と心配までされる始末である。

私からすれば、まあ、どちらも予想できた話で、学生には「単位を落とさない程度に、適当にね」と小声でアドバイスするしかない。

▶**図表D**　行き過ぎた三つの主義が学生を困らせる

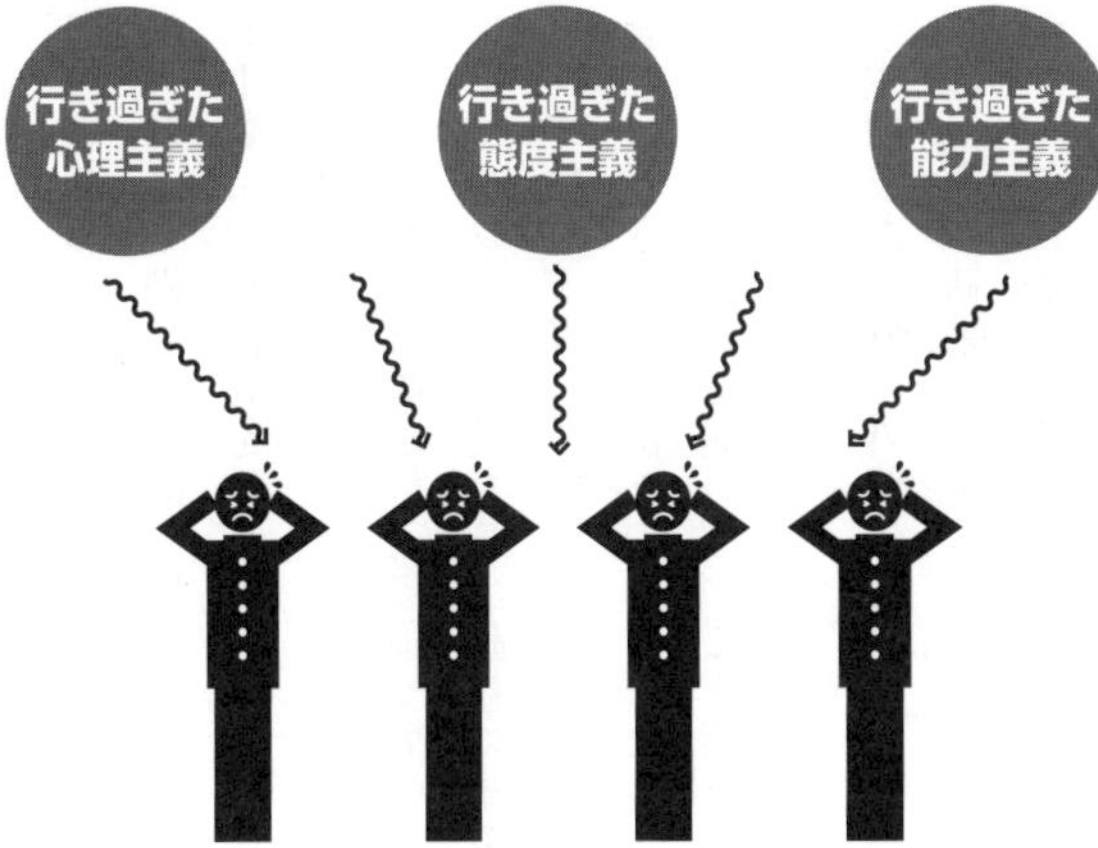

問題なのは、半端に「キャリア」を知っている外部教員のケースだ。

そこにもいろんなタイプの教員がいるので一括りにはできないが、人事や採用のことなら一家言ありという人が困る。具体的には企業人事部、人事コンサル会社、人材派遣会社などでの業務経験があって、ビジネス書の著作もあります、キャリア・コンサルタントの有資格者ですみたいなケース。

こうした外部教員は熱意があるほど、「行き過ぎた適応主義」の授業をあの手この手で行ってしまう。困った手法を大きく分類すると、行き過ぎた心理主義、行き過ぎた態度主義、行き過ぎた能力主義の三つがある。

順にそれぞれを見ていこう。

心理主義というのは、「あなたらしさは何？」「やりたいことは何？」と、いわゆる自分探しに重きをおくタイプだ。大企業に就職すれば、誰もが幸せというわけではない。だから、一人ひとりの「価値観」にあった企業選びが大事だというわけである。

ＶＰＩ職業興味検査をはじめとする心理検査の結果を使い、学生個々と特定の職業を結びつけてみせたりする。ＶＰＩ職業興味検査はハローワークでも用いるごく一般的な就職支援の手法だが、就職が目前に迫っているわけでもない大学低学年次にこれをやらせる。マインドマップを作らせたり、独自に編み出した心理テストを用いる人もいる。

小ネタで使うぶんには構わないが、それらを中心に据えてくれるから困りものだ。検査がはじきだした個々の価値観に基づいて進路を選べたらあなたは幸せですよね、というスタンスで授業を進める。これはその「価値観」の中に職業選択の正解があるということを前提にしている点でヘンなのだ。

大学生はまだ自分の外側の社会をほとんど知らない。その段階であたかも算術のように出た心理検査の結果を「正解」かのように伝えてしまうと、ますます自分の内側ばかりを見たがり、これから知るべき外の世界に目を向けなくなる。

本物の心理学者や臨床心理士だったら、そんな危ういことを決してしない。

造語の「～力」はもうたくさんだ

態度主義は、やたらに細かいマナー講座をイメージしていただければいい。

その際のお辞儀の仕方は何十度です、この場合のエレベーターではどこに立ちますか、メールと電話と手紙のどの方法で返事をすべきでしょう、といった事柄にこだわる。

秘書検定の受検講座ならべつに構わないのだけれど、これで社会が学べたつもりになられては困る。そもそもビジネスマナーは社会に出てから、それぞれの現場で覚えていく事柄ではないだろうか。現場ごとにマナーは違うのだし。

三つ目の能力主義とは、たとえば先述した「コミュニケーション能力」の偏重だ。コミュ力を高めよ、と言われ始めて十年は経つ。が、どうやったら高められるのか、クリアに答えられる人の存在は寡聞にして存じあげない。眉ツバ系の自己啓発書の世界に行けば、いろんなメソッドがあふれかえっているらしいけど。

コミュ力と並んで「社会人基礎力」も流行っている。二〇〇〇年代の中頃に経済産業省が提唱した概念で、「前に踏み出す力」「考え抜く力」「チームで働く力」の三つを核とする。それぞれあったに越したことはない力だが、はてさてどうしたもんだろう。

「努力」「気力」「忍耐力」「創造力」「団結力」などなど、昔から掲げられてきた「～力」

がある。新しい「～力」は古臭くなってしまったこれらの力を組み合わせて、なにかあたらしい概念を生み出したつもりになっているだけでは？

そういえば、小泉政権下で言われ始めた「人間力」ってなんだったんだ。いまでも経済産業省で一般用語として使われているそうだが、どなたか納得できる定義と身につけ方を教えてくれないか。

なんにせよ、造語の「～力」は言葉遊びの域を出ない。そして、必要が叫ばれるほどにマニュアルが作成されて、その途端に能力主義は形骸《けいがい》化する。

努力は大事だ。気力で乗り切れ。いまこそ団結力を見せるときだ。

それでいいじゃないか。

私はそう思う。

大学教育はムダって言うな！

このような行き過ぎた態度主義や能力主義で行われるキャリア教育の授業には、共通の副作用があることも申しあげたい。

教員のパワーと比例して濃くなる強毒だ。行き過ぎた三つの主義のうち、心理主義はお花畑が入っているため別だが、態度主義や能力主義に重きを置く外部教員には、それなりに「強い」社会人体験があるわけで、語りに迫力があることも多い。なんだかんだ言って素直な一部の学生たちは、そこで「開眼」してしまったりする。

社会と大学とでは、まるで世界が違う。目からウロコが落ちた！

リアルに充実するには跳躍が必要だ。ここではない、もっと向こうのほうへ！

学生の反応に手ごたえを覚えた外部教員は、自分の歩いてきた社会人生活が拍手されたようで気持ちがいい。勢いづいて「実社会は大学で何を学んだかなんて見てないんだよね」「成績よりアルバイト経験のほうが大事だと思うよ」と本音をもらしてしまう。

当たっているところもあるかもしれない。

が、正規の授業の中でそれをやられると、真面目な学生が大学教育を軽く見るようになってしまう。勉強をしない大学生はますます勉強をしなくなり、アルバイトにのめりこんだ学生生活を送るのである。

レポートをバカにするから誤字脱字だらけでも平然となるし、ゼミも身が入らないから同年代間ですらまともな議論ができなくなる。

せっかく「社会人基礎力」も養えるはずの大学教育を中途半端な教員がムダにしてしま

うのだ。

就職のエントリーシートを一年生に書かせるという、勘違いセンセイの授業を拝見したことがある。将来の就職ではこんなふうに自分を見られるのだから充実した学生生活を過ごせよ、というメッセージの方法でやっているのなら理解できなくもない。

しかし、そのセンセイの意図は違った。

書類や面接で受かるには、自己PRがうまくできるようにサークルがんばれ、アルバイトがんばれ、「就職活動はネタが勝負だ」と寿司屋みたいなことを言ってしまう。

これだと大学生活は企業採用に受かるために過ごす期間なのか、という話になる。エントリーシートを配られた一年生は、その紙をじっと見つめながら、「ああ、自分の将来と大学の勉強って関係ないんだな」と受け取ってしまう。

でも、彼ら彼女らはサークルやアルバイトをがんばるためだけに、大学に入学したわけじゃないのだ。大学の勉強があって、他もあって、そのトータルを大学生活として期待していた。なのに一年次の正規の授業内で、その期待の梯子を外されてしまう。

だったら、そもそも大学なんかに進学しないで、四年間をアルバイトでがんばったほうがいいじゃないか、となる。まさに本末転倒な授業。

いくら外部の非常勤講師でも、大学教員がそれをやっちゃいけない。そんな人物を招いて放置している教授陣の無責任にもほどがある。

そんなこんなで、大学の勉強のひとつすら、本気で取り組んだことのない学生たちが就職活動をする。選考する側の企業は、提出書類や筆記試験や面接でまともな日本語も使えない学生を前にして呆れる。人事マン同士が顔をあわせると、やれ学力低下論だ、ゆとり世代論だ、といまどきの大学生を嬉々としてバッシングし、ストレス発散する。

呆れた大学生の惨状は、それこそ人事マンの大先輩による「キャリア教育」の成果なのかもしれないのに。大学教育を軽んじる実社会側の問題もあるだろうに。

これって因果応報そのものでは？

話をぐいと戻せば、キャリアセンターは企業社会と大学教育との橋渡し役である。これからの厳しい社会を見据えて、そこで最低限必要な知力は大学の勉強を通して養えるんだよ、と学生に教える立場であるべきだ。

それが「行き過ぎた適応主義」の片棒をかついでいる。逆を行っている。

成り立ちがどうだったにせよ、ここらでキャリアセンターは一度立ち止まらねばならない。立ち止まって、ＧＰＳで現在地を把握し、進行方向を修正せねばならない。

非正規雇用のキャリア教育

いま若者の初期キャリアは、三割から四割が非正規採用でスタートしている。なのに、教育機関のキャリア教育は正規採用を前提としているから、非正規採用になった者はその瞬間、「オレ終わったね」と決めこんでしまいがちだ。まえもって予防注射的に「非正規の可能性もありえるよ」と教えられていたら受けとめ方も違うだろう。

非正規採用になったとして、何を考えるべきか、どう自分を位置づけるべきか。

たとえば、とりあえずバイトから始めるにしても、正社員になる可能性のある場合と、単なるバイトではまったく意味が違う。だから「非正規」で一括りにするのではなく、そこでの働き方が次につながるように意識してバイトを選ぶとか、やりたい職業が本当にあるのならどんな経験を積むと憧れの像に近づけるのかなどを、学生のうちにちょっと考えておきたい。考えさせるキャリア教育があっていい。

大学四年生の夏までに内定が取れなかったら終わりみたいな感覚がある。ぜんぜんそんなことはなく、いろんなリカバリーの仕方が考えられるはずなんだけど、そのように柔軟な思考というか、再設計をするという発想がない。これはキャリア教育の反省点だ。

2 大学職員の正体とキャリアカウンセラーの限界

ここまでは大学のキャリア教育が、その向かう先からしておかしなことになってしまっている様子と理由を説明した。同時に、私のキャリア教育観をお伝えした。

どんなプレイヤーが何をどうしてこうなったか、できるだけ具体的に話したつもりだが、やや抽象的な議論が続いたという感想をお持ちの方もいるだろう。

では、就職支援やキャリア教育を担う中核機関のキャリアセンターには、具体的にどんな人がいて、何をやっていて、どこに課題があるのか。よりミクロに内部探査してみよう。

せっかくのあたらしい試みも、うまく軌道にのらないままなのは、それはキャリアセンターの職員に問題があるんじゃないの？

その問いに答えるには、大学職員という職業のあらましを説明する必要がある。

隠れた人気就職先としての大学職員

大卒者や大学生であれば、大学職員に対するイメージをお持ちのはずだ。

印象はどうですか？

「ザ・事務方って感じ」「神経質な人が多そうな気がする」「うちの大学の学生課では提出物の提出期限が三十分すぎただけで受けつけてくれない。まるで融通が利かない人ばかり」「教授にへこへこしているイメージ」「おとなしくてまじめ」「最近はコストカットで派遣社員が増えたと聞いている」……。

試しに本書の制作スタッフが、大学関係者「以外」の知り合いに質問してみたら、このような答えが返ってきたそうだ。

どれも間違ってはいない。大学職員のひとつの側面を的確に表している。ただ、次の答えには反発を覚えたというか、「事実誤認だ！」と言いたくなってしまった。ある外資系企業にお勤めの方が、こうおっしゃった。

「もともと生活の安定以外に興味のない人たちが選ぶ職業なんじゃないの？」

外資系氏はときに偽悪者と思われるほど、物事をストレートに評する人物であり、生き馬の目を抜く激烈な金融ビジネスの世界で働いているとのこと。なるほど、そんな方にはそう見えるのだろう。

でも、実際はさほど甘くない。

ひとまず正規職員の場合に絞って言うが、大学新卒採用倍率は人気企業並みが通常だ。何十倍の倍率のところは少ない。大多数は桁がもうひとつ上である。

とくに他校出身者のハードルが高い。「意欲」と「能力」が高くなきゃ、なかなか潜りこめる世界ではない。出身大学名はあまり気にしないが、結果を見ると早慶レベル以上の難関大の学生が確率高く内定を取っている。

新卒の採用活動期は、ごく一部の鼻息の荒い有力校を除いて、民間人気企業の採用が終わった頃から始める。「いつも文句を言っている大学自体が、就職を早期化させてなんのつもりだよ」と企業様からクレームがついては困るので、そこは気遣う。

また、志望者層が重なるため、公務員試験の結果が出た後に募集を出す大学もある。その時期だって優秀な学生はたくさん残っているし、一年度の採用者数は大規模大学でも十人台程度だから、完全な買い手市場なのである。

選考は、人気企業と内容もレベルも変わらない筆記での足きりからスタート。そして、面接を三回から四回行う。面接で「安定志向」を口にする学生は基本的に落とす。本心がそうだとしても、それを人前で言うような迂闊《うかつ》な者は大学職員には不適格だ。「御校のチャレンジ精神に魅力を感じ、私もさらなる大学改革に貢献したい」

志望理由の大前提は、ウソでもいいから「改革意欲」を示すことである。次に「協調性」を評価してもらう。

採用者数の少なさ以外は、保守的な大企業の採用とさして変わらない、と考えればいい。あとは、学生に対して、何を提供したいのかを熱く語るぐらいである。

あの職員もがんばらなくなった理由

ただ、就職してから先は独特だ。

地方で細々とやっている定員割れの常連校とかでなければ、大学が潰れる可能性は企業よりもずっと低い。競争が激しくなってきたとはいえ、大学階層ごとの横並び意識のほうが強いし、サービス残業で修業だ、業績主義の人事制度を導入だ、子会社出向で鍛え直しだ、といった話とは無縁だ。

部署によるが、私生活をしっかり確保した人生が歩みやすい。特に、長期の夏休み、冬休み、春休みと、休日の多さでは頭抜けているのではないだろうか。福利厚生もたいへん充実している。ガラパゴスの世界なので、公務員のように叩かれることは少ない。給料は地方公務員よりいい。

なんだ、恵まれすぎだぞ。そのオイシサに志望者が殺到しているのでしょ。楽して生きられる穴場探しに長けた人たちが集結している職業なのかな?

うーん、それも少し違う。

公務員になる人と似ているのだが、「ザ・事務方」の仕事なので、そもそも真面目なタイプが集まるのだ。で、学校の先生になる人が学校を好きだったように、大学職員も大学に想いがある。ほんとうに改革の必要性を考えている人も意外にいるし、学生の役に立つ仕事をやりたいと気概をもって入ってくる人が大半だ。

けれども若手のうちにバーンアウトしてしまう職員が少なくない。たとえば、

「あんなやつが職員をやっているのはおかしいだろ」と改革意欲をもって大学職員になった。ところが、最初の配属先が旧態依然とした管理職の牛耳る部署だった。かつての大学職員の典型像はけっこういい加減で、呑みすぎて遅い出勤になっても平然としている管理職とか、なにを決めるにも年次主義とか、前年対比で測れる仕事しか許さないとか、出る

杭にいちばん冷や飯を食わせるとか。そういう調子の古い上司に潰されてしまった。

というのはよくあるケースだ。

さらに、教務課では古い上司どころではない常識外れとの接点がたくさんある。教員の皆さまのお世話である。パソコンの使い方がわからない、出席管理をしてくれ、これ印刷しておいてくれ、といった調子で自分でやるべき作業を当然のごとく押しつけてくるのに、大事な会議にはぜんぜん来ないなど。下手な言葉遣いをするとキレる可能性も高いので、教員相手はすごく神経が摩り減る。

キャリアセンター職員だった私も、教授センセイの頭の中身に驚かされたことがある。教授が求人票について質問をしてきたときだ。ハローワークの求人票には月の平均残業時間量の欄があるのだけれど、「なんで就業時間が決められているのに残業時間があるんだ」と真顔で尋ねるのだ。経済学者なのにそんなこともわからないのか……。

また、ピリピリした教務課とは反対に、その部署のみんながいい人で、毎日が平和すぎ、いろんな意気込みがあったはずが、「ま、いっか」と初心を軽く忘れる若手も多い。

学生課だと新入生の面倒をみる四月から五月、入試課や広報課ではオープンキャンパスがある夏と受験シーズン、就職関係の部署だと秋口から春の終わりくらいまでがハイシーズン（これまでは）。いずこもけっこう激務になる。が、逆に言えば他のシーズンはそんなに仕事がない。年間トータルでは相当楽ちんな勤め先であることを知る。

あたらしい仕事を提案すれば、「うん、じゃあキミに任せたよ」となりやすい。が、だからといって評価されるのでもない。大学の暖簾に腕押し的体質も知る。

そして、いずれ頭の中を支配してしまうのが次の声だ。

「なにをやったって、どうせあと三年も経てば部署の異動だ。ムリをしても意味がない」

正規の事務総合職員として採用されたかぎり必ずある、三年から五年ごとの職場ローテーションに、「がんばらない」逃げ口上がフィットしてしまう。

大学職員という職業のあらましはそんなところだ。

花形部署に配属バンザイ！

キャリアセンター職員の話に戻ろう。

ここでもやはり職場のローテーションが問題なのだが、そこで働く者の「意欲」が大学に数ある部署の中でも一、二を争うことは言っておきたい。「意欲」を長くキープしている職員の率も高いはずだ。

なぜなら、キャリアセンターで働きたい大学職員は大勢いるから。

今後の発展が大学上層部から期待されている。学生から感謝されることも多い。気難しい先生方とのやりとりで胃が痛くなる教務課や、日々の仕事の変化に乏しい図書館あたりの不人気部署と比べたら「やりがい」がある。

もはやキャリアセンターは大学事務の花形部署と称していい。

中途の公募採用でも、二十代後半から三十代前半の人が、民間の営利事業にはない「やりがい」を求めてやってくる。前職は人材派遣会社、就・転職情報のサイトも運営しているＩＴ会社あたりがボリュームゾーンだ。

前職について、就職前のイメージと就職後の「やりがい」の種類が違ったから（要は、「儲けてナンボ！」だけでは嫌だったから）という転職理由が主流。また、そうした会社は大量採用大量退社で社員の平均年齢を下げ、人件費を浮かせているところがよくある。景気で大きく変動する業界でもあり、日常的に行われている「リストラ」の対象になってしまい、運よく大学に行き着くことができました、というケースも多々。

いずれにせよ、そんなこんなの生え抜き職員や中途職員が、憧れのキャリアセンターで働き始める。

新人は仕事内容が多岐に渡ることをまず知る。地味系から派手系まで就職まわりの業務をなんでも扱うわけだが、種別にあげるとこんな感じだ。

対企業で、求人開拓、来訪企業対応、求人票の発送など。対学生で、個別面談、就職支援講座実施、インターンシップの周知、資格支援、求人票の公開、低学年次向けのキャリア形成支援など。対大学組織で就職データの報告、対国で就職実績の報告。他は各種パンフレット作成あたり。

まあ、さまざまな仕事が待ち受けているわけだが、人材派遣会社の営業マン出身でチャレンジ精神あふれるA氏が配属されたとして、キャリアセンターでたどりがちなパターンはこうだ。


一年目は、ひたすら仕事の基礎を覚えることに心血を注ぐ。部署内にどんな仕事があり、それぞれの担当者はどんなやり方で仕事をこなし、年度内にはどんな業務の流れが定型となっていて、というような職場のイロハをしっかり身につける。中途に対して、あからさまに「外様」扱いをする嫌味な上司でも「はい、はい」とついていく。

二年目は一年目に覚えた基礎を実務として遂行する。ときには改革すべき問題点も具体的に発見するのだが、それは往々にして繁忙期だったりして、「まずは目の前の仕事を片づけてから」と、就職課（就職部）時代よりあきらかに増えた実務をこなしていく。

三年目が来る。他の部署から若い職員が移ってきて、その面倒見役となった。自分自身の仕事はキャリアセンター全体の進行管理。実務に追われることは減ったので、時間を作り、ずっと気になっていた問題点の改革に取り組み始めた。ところが、その頃ちょうど隣席の職員に「Aさんも秒読みだね」と言われる。四年目は「教務らしいよ」との風の噂を耳にして、問題点の改革どころじゃなくなる――。

入ってイロハを覚えて次異動、という大学職員の現実。

A氏のような伸びる可能性のある芽を摘む人事は後を絶たない。

こんな仕組みでは、「業者頼みはやめて、自力で我が校にあったキャリア教育プログラムを推し進めよう」と職場をひっぱる専門リーダーが育ちっこない。

ちなみに、キャリアセンター導入以前の私立大学には、よく就職課（就職部）のヌシが棲みついていたものだ。

何十年も同じ職場で働き、就職斡旋の職人のように特技を磨いた人物。相当数の企業と太いパイプを持ち、学生が「助けてください」と頭を下げにいくと、「というわけで、今年はもう一人お願いしますわ」とマジカルパワーで押しこんでくれる（こともある）。そんなヌシは大学職員としては評価が低くても、就職のなかなか決まらないゼミ生を抱えこんだ教員からは一目置かれていた。

しかし、彼らはいつの間にか絶滅した。大学に経営的な余裕がなくなり、特例を廃するガバナンスが働くようになったからだろう。ヌシ個人に情報や技術が集中しすぎ、ヌシは後進にそれを伝授することがないまま定年退職した、という面もある。

ヌシが消えたのは近代化が進んだ結果ともいえそうだが、かわりに就職支援の専門家を育てるシステムができたわけでは決してない。

非正規はキャリアセンターでも使い捨てが基本

非正規職員のキャリアセンター職員の立場にも触れておこう。

キャリアセンターの仕事は膨れていくばかり。そのぶんの人件費を大学が割いてくれるわけではなく、非正規の職員比率は高まっている。

雇用形態は、人材派遣会社との一年ごとの契約更新が一般的だ。

非正規職員についていかんともしがたい問題は、当人に意欲と実力があり、大学側もその人に居続けてもらいたくても、労働者派遣法で最長三年間しか働けないことだ。それ以上本人が就労を希望し、大学側も必要とするならば、正規雇用の形を取らねばならない。

大学職員の正規雇用は狭き門である。非正規→正規の門はさらに狭い。

正規職員として働きたいのなら、年齢制限にひっかからない若いうちに、日本中のどこに引っ越すことになろうとも構わないという覚悟で、中途採用枠を片っ端から狙うことだ。非正規でいい働きをすれば、いずれ大学からお呼びがかかるかも、だなんて夢を見てはいけないのである。

なぜなら大学は典型的な前例踏襲主義の組織であり、既得権益確保というモチベーションで結束を固める集団だからである。当然、採用人数は欠員補充程度が前提である。

この悪しき大学風土に花形部署のキャリアセンターも例外ではない、というわけだ。

カウンセラーさんは何者だ？

以上は主に総合職的な仕事をする職員についての説明だったが、キャリアセンターには他にも違う立場で働いている人々がいる。内訳は大学ごとに異なるけれど、ひとつの目安を示しておこう。

たとえば、あるキャリアセンターには二十人のスタッフがいる。そのうち正規職員が八人で、非正規が十二人。非正規十二人のうち、就職活動ピーク期だけ雇う臨時パートを含めたカウンセラーが八人、事務処理係が四人。

大規模の私立大学だったら一般的な人員構成だ。正規職員が総合職の何でも屋さんで、事務処理係は総合職の指示に従ってパソコンのエクセルをいじったり、書類整理をしたりする人。

では、カウンセラーは何をするのか。

言わずもがな、就職相談に来た学生のカウンセリングをするわけだが、それは専門職としてどれほどのものなのか?

ほとんどのカウンセラーが持っている資格ってどんなもの?

資格から説明しよう。

大学内では、「キャリアカウンセラー」と呼ぶことがほとんどだが、公式には「キャリア・コンサルタント」と称す。

現在、計一〇団体が試験を実施している民間資格の総称のようなもので、それら民間資格をステップに業務経験を積み、国家検定を受け、「キャリア・コンサルティング技能士」という上級資格を取得することもできる（大学のキャリアカウンセラーで技能士まで取っている人は稀だ）。

民間レベルにせよ国家レベルにせよ、資格のある人は、求職者に対する個別相談をメインに職業選択や職業能力開発の支援ができるだろう、とみなされる。「だろう」というあいまいな言い方をしたのは、同じ仕事が資格のあるなしにかかわらず誰でもでき、有資格者のみに与えられている独占業務ではないからだ。

この資格の誕生は、キャリアセンターの設立期と重なる。厚生労働省が二〇〇二年にぶちあげた「キャリア・コンサルタント五万人計画」がきっかけで、人材開発事業を柱にする日本マンパワーを筆頭に官民合同の養成講座がたくさん開講された。背景にはやはり長引く不況と、それに伴うリストラの増加があった。

ということは、リストラされて無職となった人があまりに多かったので、急遽、再就職のサポートをする専門家を五万人養成しようとしたわけ？

ふつうはそう思うけれど、それだけではなかったのだ。逆に、リストラされた人たちの受け皿として、あたらしい雇用の創出を狙ったといわれている。つまり、職業人生の先輩として後輩たちに職業支援をすることで無職になってしまった人たちが飯を食えるように、と想定していた資格なのだ。

発想として、あまりにも無理がある？

誰でもそう感じるとおり、十年経った今日でも、この資格職を専門に自分の生計を成り立たせている人は少ない。民間資格保持者は三万人程度いるとのことで（技能士のほうは二〇一〇年で約千五百人）、活動領域は企業の相談室や人事部門、公的機関や地域ＮＰＯ、人材派遣会社、ハローワークなど、どんどん広がっているとされるが、雇用形態はパートがほとんどだ。非正規でも年度契約ができれば「安定」しているほうである。

報酬も良いとはいえず、逆転の発想で雇用創出という厚労省の作戦は、失敗に終わったと言って間違いないだろう。

ただ、大学のキャリアセンターでは、契約やパートでカウンセラーを募集する際、有資格者であることを条件とすることが多くなったし、対外的な聞こえや自己啓発の意味で正規職員にも資格を取れ取れというようになってきている。

民間資格は養成団体の講座（概ね百三十時間以上の学習カリキュラム）を修了後、簡単な試験を受けることで取得できる（はじめの頃はもっともっと楽に取れた）。キャリアに関する基礎的な理論を学び、カウンセリングの基礎的な技術を習った人たちだと思えばいい。

頼り頼られる心理のキケン

大学のキャリアカウンセラー（以下、カウンセラーさん）たちは、専ら学生の個別相談要員である。就職や進路について何かしら知りたいと学生がキャリアセンターにやってきて、その相談相手をする。学生の来ない午前中は暇で事務処理などをやっている。

相談内容で多いものは、就職活動期の前半だと「就職活動ってどうやってするんですか」といった茫漠とした質問から、「企業選びってどうやるのか」「自己分析ってどうするんだ」「履歴書を書いたがこれでいいか」「筆記試験の対策は」まで。活動が進展すると、「面接の練習をしてくれ」「内定の断り方は」「お礼状の書き方を」などとなる。

メンタル面の相談は、就職活動中盤ぐらいから増えてくる。「友達は内定もらっているのに、自分は全滅した」とか、「どこにも受かる気がしない」といった類の不安の訴えだ。不合格通知（お祈りメール：企業から学生に不採用を伝えるメールのこと。末尾に「今後のますますのご健康とご活躍をお祈り申し上げます」といったお祈りの一文が添えられることが多いのでこのように呼ばれる）が立て続けに届いたことへのショックから、企業社会は私を必要としてないとの錯覚に陥る学生も少なくない。

しかし、こうした相談の多くは、黙ってじっくりと話を聴いてあげるだけで、大方はスッキリとして帰っていく。

資格のない私も数限りなくやってきたが、個別相談には一定の意味はある。

エントリーシートが日本語になっていない学生はいっぱいいるし、就職ガイダンスで繰り返し強調したポイントがまるで頭に入ってなくて、一対一の説明でやっとわかる若者が増えている（無意識に就職支援のカスタマイズを要求しているのだろうか？）。

まあ、どんな就職活動生だって、受ける企業と本人との関係は個別具体的なので、志望動機の指導には個別相談がいい。

カウンセラーさんは客観的に志望動機を聞いて、その企業を選んだ理由になっていなければアドバイスをする。その程度なら友達同士の面接シミュレーションで済むという話もあるが、面接官と同じ大人に対してやることは大事だし、友達相手だとナイーブになって言いにくいことも口にしやすい面がある。

だけど懸念もあって、これまで資格の実態を説明してきたように、カウンセラーさんは組織にコミットメントしていないパートが基本形だ。生計を立てるためというより、自分の存在意義を感じたくて仕事をしている人が多い。自分はこんなに頼られているってところに充実感を得る働き方をしている。

ゆえに、学生を抱えこんでしまう方がけっこういるのだ。

「この子はもう私が面倒をみるから」みたいな感じで、常識的には「自分でやり直してきなさい」と学生に指導して済ますべきところまで、自分で引き受けてしまう。ひどい場合は、志望動機をまるまるカウンセラーさんに作ってもらったとか、そんな学生もときどきいる。

そこまで依存関係ができあがってしまうと、学生はそのカウンセラーさんなしでは就職活動が続けられなくなる。内定を取れたとしても、入社してから困難にぶつかったとき大丈夫かとも思う。

また、すべてのカウンセラーさんが文章力や対人スキルに優れているとは限らない。パッションはあっても技量の低いカウンセラーさんも実はいらっしゃって、そういう方に依存してしまった学生はひとつの内定も取れない。加えて、求人情報や企業情報をあまり持っていないカウンセラーさんも多い。相談にはのれても、斡旋ができないのだ。

だから私は学生に、なるべくいろいろなカウンセラーさんに自分を見てもらいなさい、と言っている。

実は現役学生も「よくわからない」キャリアセンター

本書の「まえがき」で、二十世紀に大学を出た方はキャリアセンターのことがよくわからないだろう、と言った。ところが、実際は二十一世紀の、それも現役大学生の多くまで「よくわからない」し、キャンパスのどこにあるかは知っていても就職活動が本格化する前にその扉を開けて入ってくるのは例外的な学生だったりするのだ。

学生にキャリアセンターについてアンケートをとると、必ず上位にくるのが「怖い」。

この回答に職員たちは首を傾げる。大学職員にとってキャリアセンターは人気部署だからご機嫌な人が多いし、パートのカウンセラーさんたちも人の役に立ちたくて今の仕事を選んだ人々なので親切だ。個別相談できつめの助言をすることはあっても、それは迷える就職活動生を案じてのこと。さほどに怖がられる心当たりがない。

なのに、「怖い」と言われてしまうのは、学生の側に先入観があるからだろう。

大学生が最初に自分から訪れる大学事務の部署は、たいてい教務課だ。科目の履修手続などが難しくて聞きに行く。その際、質問が「履修がよくわかんないんですけど」では、「履修の何について?」と聞き返される。職員の対応は間違っていないが、そうストレートに返されて怒られた気分になってしまう学生は少なくない。

その体験が「聞きたいことがはっきりしていなければ聞きに行ってはいけない」という極端な解釈につながり、キャリアセンターまで「聞きたいこと、就きたい仕事がはっきりしていないと行ってはいけない」と都市伝説化しているのでは？

理由はともかく、就職について何から考えればいいかわからない、就きたい仕事がイメージできない、ネットで調べても本を読んでもわからない学生にこそ、個別相談を受けつけるキャリアセンターの利用価値がある。それはふつうに考えて「わかる」話だと思うのだが、わかって利用しに来る学生は、その時点でたしかな判断力のある人ともいえ、たとえ何の援助をしなくたって自力でそれなりの内定をつかんでくる。

逆に、「怖い」からずっと遠ざけていて、就職活動で落ちに落とされ、切羽詰まってやっとキャリアセンターの助けを求めに来る学生も多い。このケースは、役立つ支援をするにはすでに気持ちがこじれすぎ、結局は納得の内定が取れず……となりやすい。

キャリアセンターの利用者は、デキるやつとやや落ちこぼれに偏りがちで、その間の「ちょっとの援助でぐっと伸びる」層と、本当に手厚い支援が必要な最下位層が少ない。特に後者についてては歯がゆい問題だ。

3 学生に手渡せない「使える」就職情報

大学キャリアセンターは、企業、卒業生、学生などに関する各種情報の集積地でもある。

それらは二十世紀末からデジタルデータに変換され始め、いまやどんな大学でも学内専用のシステムでデータ管理している。

しかし、それで情報の使い勝手は良くなったか？

情報の質は向上したか？

私は、はなはだ疑問だ。

この項では、就職関係情報のウェブ化やシステム化の諸実情を説明し、大学情報のうちでもっとも問題視すべき「就職率」や「就職実績」の〝操作〟についても、誤解を恐れず斬りこませていただく。

ウェブ化で求人票に触れない！

二十一世紀の就職活動生は「就活ナビサイト」で求人を知り、そのサイト経由で会社説明会の予約や就職希望のエントリー、選考結果の確認などを行う。リクルートの「リクナビ」、毎日コミュニケーションズの「マイナビ」を代表格として、さまざまな就職情報会社のウェブサイトが就職活動生の情報を管理している。

いまや就活ナビサイト抜きの就職活動は非現実的だ。そのおかげで学生がどんなに苦労させられているか。

これについては既刊の類書などでも指摘されてきたことだし、第2章で概観する。

ここでは、大学キャリアセンターに寄せられる求人票の扱いも、ウェブ化されていることをご紹介しよう。

多くの大学キャリアセンターのシステムには、求人票のデータを入力する機能がある。求人を依頼する企業は、そこにデータを自ら打ち込む。

だから、職員たちが直接求人票を手にすることはほとんどない。たとえ「優良求人」が届いても、データの海に流されて実に拾いづらくなっている。企業人事→システム→学生、とキャリアセンターの職員を飛ばして求人内容が行き交う空中戦となっているのだ。

この問題はあまり指摘されていないのだけれど、大学、大学生、低知名度の企業にとって相当な機会損失だ。

求人票のデータは、具体的にこう流れる。

- 最初に、企業から大学へ求人票が郵送される。同時にデータでも送信。
- ある程度の規模以上の大学には、求人票の独自入力フォーマットがあり、そこに必要事項を書いてくださいとしている。企業が入力を終えたら、イントラネットでそのまま学生に公開となる。
- 強気な企業で自社のフォーマットでしか書かんという場合もある。その場合は先方から紙モノで求人票を送ってもらい、それをキャリアセンターが入力業者に渡す。業者が大学のフォーマットに打ち込み、これもそのまま学生に公開。

この流れの何が問題かと言えば、結果として大学内の求人情報については、学生もキャリアセンターの職員もまったく同じものを見られる環境が成立することだ。

すると、就職活動生が「有名企業やたまたま知っている企業くらいしか調べなくなった」

と批判されているのと同様、職員も「ロクに企業知識がない」事態が出来《しゅったい》する。

求人票のウェブ化で、大学に集まる求人票は何万件という数に激増した。あまりに膨大で、しかも内容を熟読したって得られる情報は学生のものと同じ。これでは、職員が自ら求人票にアクセスしなくなる。結果、先述したような求人票の空中戦状態になる。やる気のある職員がアクセスしたとしても、自校や該当社の入力フォーマットの範囲にある内容しか知りえないため、専門家としての職員の役にはあまり立たない。

また、最初のデータ送信と同時に郵送された求人票に、会社パンフレットが同封されていることもけっこうあるのだが、このパンフ内の情報はウェブ化されない。昔ながらにキャリアセンターが企業別のパンフ棚を設けていれば閲覧可能だけれども、ウェブに慣れてしまった学生には紙モノのファイルまで閲覧することが面倒だ。大学によっては、パンフ類を捨ててしまうところも少なくない。情報環境はどうしても悪い意味で一元化、フラット化してしまう。

ウェブ化のデメリットはもうひとつある。

たとえば次のようなやり方で、業者に求人データの入力を委託したときに発生する情報のタイムラグだ。

企業から紙モノで求人票が届く。一定量がたまる。で、大学は業者に求人票を渡す。業者は順番に入力作業。そうして、はじめて学生が見られるようになる。

キャリアセンターに求人票が届いてから、ウェブ公開まで一週間ほどかかることはめずらしくない。求人がふんだんにある時期ならいいけれど、ピークがすぎて、先に飛びついたもん勝ちみたいな状況下では、非常にもったいない機会損失となりがちだ。

こういう求人は、就活ナビサイトに掲載するほどお金をかけられない「事務職一人追加募集」といった内容のものも多い。地味だが、就活競争に出遅れたのんびりタイプの学生にはお勧めの仕事だったりする。それがシステムのせいでタイムラグが生じ、紹介できないのはつらい。

就職情報会社の就活ナビサイトが猛威を振るう中、大学ならではの求人情報システムを活かしたいところだが、現状はダメダメだ。

とあるＩＴ業者に口説かれて、立派なシステムを作りました。けれども、「就活ナビサイトのほうが使える」と学生の評判はいまひとつなのです。難しい時代です――。

そこで思考停止しているキャリアセンターがほとんどだろう。

ＯＢ・ＯＧが行方不明！

就職活動期に入ってからのＯＢ・ＯＧ訪問は、ＯＢ・ＯＧと学生との間に、「採る／採らない」の利害関係が絡みやすいので、先輩に会えばなんでも疑問に答えてくれるというものではない。ただ、まったくＯＢ・ＯＧ訪問を行わないよりかは得られるものがあるし、就職活動期よりも前の訪問であれば先輩ならではの素顔を見せてくれたりする。同じ大学の卒業生と在学生という関係のメリットは最大限活かしたい。

そのＯＢ・ＯＧ訪問を行う際、最初に学生の行動力が試されるのはアポ取りだ。メールを投げてもレスが来ることは予想よりはるかに少ない。ところが、電話を直接してみたら「いいですよ」の二つ返事。パソコン慣れした学生が、電話というコミュニケーションツールの強みを実感する場面だったりもする。

ＯＢ・ＯＧ訪問のアポ取りをするには、当然のことながら、会いたいＯＢ・ＯＧの連絡先を入手しなければいけない。サークルつながり、ゼミつながりなどで連絡先がわかればいいのだが、気になる会社に就職した先輩情報はそうそう転がっているものでもない。

で、ある程度以上の規模や歴史のある大学では、就職課（就職部）時代からキャリアセンターが卒業生の情報管理と情報提供をしてきた。学生は就職課で会ってみたい先輩の情報を知ることができ、紹介してもらえた。

ところが、である。最近その機能が落ちているのである。

企業の求人票だけでなく卒業生の情報も、いまどきは紙モノのファイリングではなく、学内システムでのデータ管理が主流だ。そして企業求人票の場合と違い、卒業生の新しい情報は誰かが打ちこんでくれるわけではない。これに関しては個人情報保護の問題もあり、情報更新をキャリアセンター内でやらなければならない。

新年度の卒業生のデータ打ちこみはどんどんこなしていくにしても、ここで難しくなっているのがそれ以前の卒業生のデータクリーニングである。OB・OG会の協力がすごい一部の大学を除き、どんどん変わっていく卒業生のメールアドレスや電話番号、異動先や転職先の最新データをキャリアセンターが追いかけることは現実的にムリだ。企業に問い合わせてもなかなか教えてくれるものではない。

最新データを得ても、最初に打ちこんだデータを更新するには人手を増やす必要がある。だが、そんな余裕はない。大規模大学の事務職員数は中小企業レベルで、それ以下の規模の大学ではもっと少ないのである。人員をそんなに割けない。

その結果、卒業生データに関してキャリアセンターは「使えない」となる。

この件は、これから大学間格差が如実に表れてくるポイントのように思われる。例えば、東海大学などは経営者だけの卒業生ネットを構築し、在学生との間をつないでいる。キャリアセンター内に卒業生専門の部署を作り、ネットワークを再構築している大学もある。

そうした戦略的な大学と、「卒業生は資源だ、財産だ」と口では言うが、実際は社会に学士さまをばら撒いて終わりという大多数の大学との経営力格差。現に求められているポイントに対応するすばしっこい動きは、大学の規模が云々というよりも、その大学の問題意識や危機感、あるいは経営判断がトップダウンかどうかの違いで差が出やすい。

残念ながら、私がこれまで直接関わってきた大学の動きはどこも鈍かった。「キャリアセンターならではのシステムで、学生が使えるデータはなんですか？」と聞かれたら、正直なところ、答えに窮した。「あ、それよりもキミ、こないだ面白い求人があってね」と独自ネタを学生に提供するしかないのだった。

ブラック企業情報はスルーしましょう

この章の前半で大学キャリア教育の問題点と、私なりのキャリア教育観を述べたが、「情報」の観点でこんな話もしておくべきだろう。

▶**図表E**　ブラック企業の採用における特徴

ブラック企業

- 離職率が極めて高いので採用を繰り返すことが多く、結果的に試験・面接がないに等しい状態で簡単に入社できる。
- 募集内容で書かれていることと、説明会や面接で伝えられる条件が極端に異なる。
- 社会保険などの制度をほとんど整えておらず、それらについて採用前の段階で質問しても明確な回答をしない。
- 正社員募集と謳っておきながら、入社直前にアルバイトや業務請負、契約社員などの待遇で採用を行おうとする。

などなど……。

いわゆる「ブラック企業」の情報の扱いである。

サービス残業の強要や度を越したノルマの押しつけ、あたりは序の口として、少し前に社会問題となった名ばかり管理職、派遣切り、正当な論拠なきリストラ、パワーハラスメントなどなどが行き着く果ての民事や刑事訴訟の勃発、最悪ケースとしての過労死事件などが起きやすい体質の企業かどうか、ということだ。採用場面では図表Eのような特徴を見せる。

こうしたブラック企業は早期の離職率が高いため、企業規模に比べて求人数が多い傾向がある。凶悪な素顔を隠すためか、採用場面では過剰なフレンドリーさを演出するケースが少なくない。ネットでも固有名詞をあげて盛んに「口コミ情報」がやりとりされているので、就職活動生が独力で「ブラックか否か」を判断することもさほど困難ではない。

だが現実は、入試偏差値階層が下の大学の学生ほど、ブラック企業の内定を取って就活は終わり、となりがちだ。「あそこはやばいらしい」と小耳には挟んでいても、面接で優しく接してくれた印象で「自分としてはいい会社だと思う」と決めこんでしまったり、なによりもブラック企業以外の求人が少なく「まあ、いいや」と諦めてしまったり、そんな学生がかなりいるのだ。

こうした学生に「忠告」をするのも、キャリアセンターの役割だとは思う。しかし、実際はそれができない。よっぽど相手の企業が悪質でない限り、××社はブラック企業である、とキャリアセンターが断定はできない。労働の価値観は人によって違うから。その学生はブラック企業の内定を縁故で取ったのかもしれないし……。

実際の場面で言うと、たとえばこんな感じだ。就職活動生がキャリアセンターに「内定が取れました」と笑顔でやってくる。聞いてみると、これがブラック企業。そんなとき、キャリアセンターの職員はよくこう言う。

「ああ、そう。で、他の就職活動はやらないの？」

この微妙なリアクションで、「もしや自分の内定先ってブラック？」と気づいてくれることを願いながら。でも、ほとんどの学生は速攻でこう返してくる。

「もうやってません」

キャリアセンター職員は次にどう言うか。

「はい、わかりました」

これで終わりだ。えっ、なんて無責任な、とお感じだろう。だけど、「キミ、そこは問題の多い会社だから、もう少し他もまわってみなさい」とは、先の「理由」から口にできないのだ。それに、たとえブラックだろうがなんだろうが、就職困難校のキャリアセンターにとってみれば、内定が取れればひとまず無職を出さずに一件落着。大学の就職率も上がるし、学生本人が良ければそれで良しとするのである。

中堅以上の大学だってそうである。

就職難のときのキャリアセンターは企業重視が基本スタンスだ。企業と揉め事を起こして、後輩を取ってもらえなくなったら困るので弱腰になる。

現にここ最近でも、難関とされるクラスの大学の学生でこんな目にあったケースがある。学生は就職難の中、某超大手企業の内定を取った。その内定者研修で抜き打ちの筆記試験が実施された。体調が悪かったのか、選考のときの筆記と比べ内定者研修のほうの点数がだいぶ低かった。で、内定取り消しと相成った。これはどう考えても企業の採用活動でやっちゃいけないルール違反である。学生は大学キャリアセンターに相談した。キャリアセンターが抗議し、騒ぎとなれば某超大手企業も無視できないはずだ。しかし、大学側は、中長期的な相手企業とのつきあいを考えて、この一件をスルーした——。

ブラック企業や内定取り消しの過去がある企業のリストを、内々に作成している大学もある。が、それは星の数ほどある大学のうちの、ほんの僅かな例外でしかない。

ハローワークでは、ブラック企業の認定基準がなくても、うさんくさい求人票に手を出そうとしている人には耳元でこっそりと、その旨を臭わす職員もいる。

大学キャリアセンターでも、臭わせればいいのである。ものは言いようなのだから、「就活は一生に一度限り。世の中を広く見渡せるせっかくの機会をもっと活用してみようよ」などと、就職活動の継続を促すべきだと私は思っている。

また、こうも思う。異議主張、ときには抵抗の必要性や方法も教えないと、キャリア教育とは呼べないのではないか、と。

簡単な話だ。問題があったら「問題だ」と言葉にする。そして、労働基準監督署をはじめとした公的機関にアクセスし自分を守る。そのことの大切さを教える。世の中にいい企業ばかりがあるわけではないのは事実だ。そこも教えてこそのキャリア教育じゃないだろうか。

公務員再受験組は就職希望者にあらず!?

さてこの章の最後のテーマを、一番大きな大学情報問題である「就職率」「就職実績」の〝操作〟事情にあてたい。

まず、就職率から行く。図表Fの「就職（内定）率の推移（大学）」をご覧いただきたい。これは厚労省と文科省が合同で出している「大学等卒業者の就職内定状況調査」に載っているものだ。要は大卒者の「就職率」と捉えてもいいのだが、率の高さに違和感を覚えないだろうか。

グラフの線の高低が、ここ長いことたいして変わっていない。「4月1日現在」の就職率が、ずっと九割台で推移している。大手金融機関が相次いで破綻し景気が悪化した平成九年から十年にかけて、就職環境も悪化していた。さらに平成二二年以降は前回の「就職氷河期」を下回る内定率で「就職氷河期の再来」とも騒がれている。が、このグラフの数

▶図表F 就職（内定）率の推移（大学）

（平成22年度「大学等卒業者の就職状況調査」）

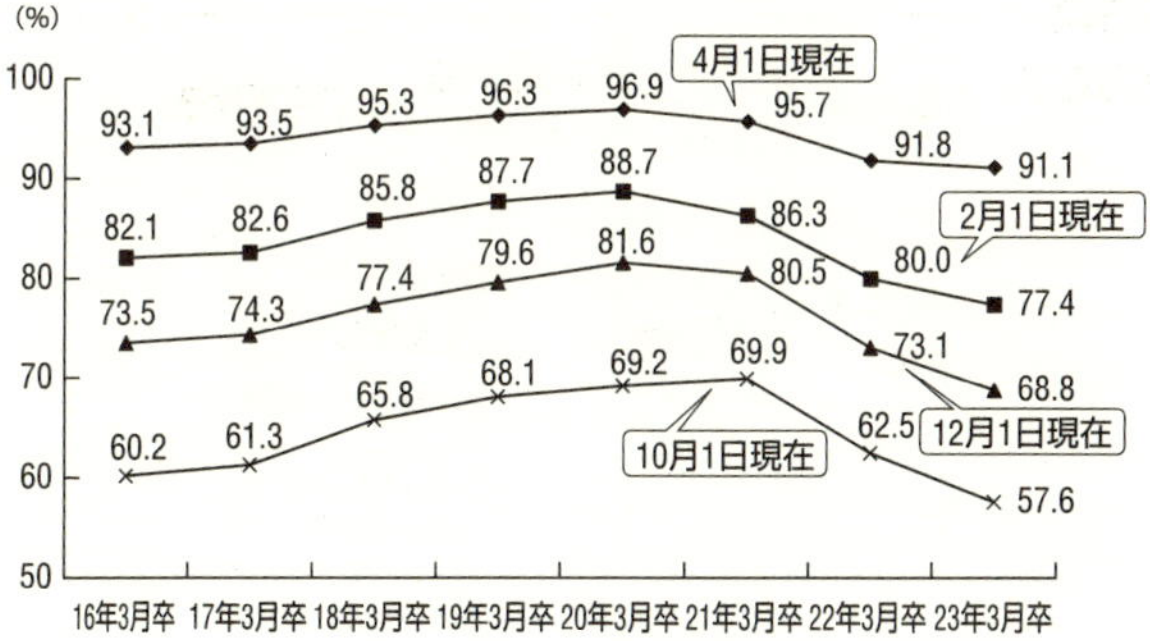

字を見る限り、さほどひどくない。

各大学が発表している自校の就職率も、図表Fのものとほとんど同じだ。試しに最新の大学パンフレットを端から開いてみるといい。この最悪の不景気の中、どの大学の就職率も九一％から九八％の間に収まっている。

実に不思議だ。なぜか？

それは就職率（内定率）をはじき出すキャリアセンターが、計算式にさまざまな魔法をかけているからだ。

計算式をざっくり絵にした図表Gを参照されたい。就職率（内定率）とは、全卒業生のうち「就職を希望した者」が、どの程度就職できたのかを数字で示したものだ。

分子は「内定した人」である。かつては「正

▶図表G　就職率（内定率）の計算式例

$$\text{就職率（内定率）} = \frac{\text{正規社員内定者（＋非正規社員内定者）}}{\text{全卒業生}-\text{進学者}-\text{留学者}-\text{就職を希望しない者}-\text{進路不明者（進路未定）}-\text{不明者（調査未回答）}-\text{留学生の帰国者}-\text{再就職・再受験組の一部}} \times 100$$

再就職・再受験組の一部

・公務員(再)受験予定者
・資格試験（再）受験予定者
・進学準備中の者
・就職準備中の者

※分子分母の各属性をすべて人数で計算する

規社員内定者」に限っていたが、最近は「非正規社員内定者」（場合によっては、フリーターも含む）でも就職実績としてカウントする大学が増えている。就職環境が厳しくなったことに加え、非正規社員採用を前提とした求人が増えたからである。

就職率の計算式で気をつけたいのは分母である。本来ならば、就職率すなわち就職希望決定率の分母は、全卒業生数から「進学者」「留学者」と「就職を希望しない者」を引いた数とするのが適当だ（進学者には「就職できなかったので仕方なくそうした人」が、就職を希望しない者には「途中で心が折れて諦めた人」などが混じっているけれども）。

が、それだけでは分母が大きくなってしま

うからと、「進路不明者（進路未定者）」、状況不明者（回答未収）を外す。海外からの留学生は内定すれば分子にカウントするが、就職が決まらず（留学ビザが切れるため）母国へ帰る学生については、「帰国者」として処理され、就職希望者ではないとする。

やり方がひどすぎると思うのは、公務員再受験予定者などを外す計算法だ。在学中に公務員試験を受けた学生も「就職を希望した者」に他ならないはずで、受かった場合は華々しく大学入学案内やキャリアセンターのHPで紹介されるが、来年以降も受験するハメになった学生については分母から消される。資格試験を目指す者、進学や就職準備中の者も同様だ。

なんだかんだのセコ技で分母を削り、分子は都合よく膨らます。大学によって細かな違いはあるものの、就職率の計算式はおおよそこうなっている。

なぜ高等教育機関である大学が、こんな作業に精を出すのか？

簡単に言ってしまえば、大学としての生き残り競争にさらされているからだ。潰れるわけがない大学であっても、同じ階層の他大より劣っていると見られたくないからだ。

就職状況は受験生とその保護者にとって、大学選びの重要な判断材料になる。中位以下の大学であれば、学長自ら就職率に目を光らせているところも少なくない。そうなるとキャリアセンターの管理職と担当者との間で、「今年の就職率はどのくらいでいきますか？」という倒錯した会話が飛び交うようになる。そして結果的にオモテに出せる無難な数字がはじきだされる。

その数字が世の中の動きとかけ離れたものであっても気にしない。計算式さえ公表しなきゃ構わない、とする空気がある。

こそっと申し訳なさそうに出している大学の就職率でも、こうした数字は一人歩きをする。学生の就職を心配している教職員は少なくないのだが、「本学は今年も例年通り九二％」などといった数字が示されると、大学内部に危機感が生まれない。なんとか現状を変えようと立ち上がる人が出てこない。

ちなみに、全大学ならしての実際の就職決定率は約六割、というのが大学キャリアセンターの中の人々の共通認識である。

早稲田大学はここ二、三年、父母会などの場で、「今年は六五％だった」というきちんとした就職率を出すようになったと聞く。実態を正確に伝え、その背景も説明したほうが信頼を勝ち得ると判断したのだろう。すばらしい英断である。ただ、早稲田の名があってようやくできる話であり……と思わなくもない。

例外中の例外が平然と大学の「実績」になる

大学が発表している就職率がいかに眉唾モノであるか、明かしてしまった。

論者の中には、「そもそも就職率は学生が自主提出する調査票をもとにしているため、提出していない学生が多い大学もあり、あてにならない」と批判する方がいる。これは現場サイドから言わせていただくと、「何十年前のお話でしょう?」という感じだ。

大学を含む学校は、厚生労働省の職業安定法に定められている通り、職業指導を行わなければならない。ついては「進路希望決定率とその内訳をしっかり出しなさい」とも言われている。大学設置基準の改定がらみで、情報公開の厳格さが求められている。大学は国に弱い。お上には体裁のいい情報を提供しなければならないし、自分たちも経営資料として学生情報は正確につかんでいないといけない。

結論を言うと、大学は自校の就職率にまつわる諸データをかなりきちんと把握しているのだ。その調査法は、基本的に卒業証書を卒業生に渡す際、調査票の提出を求めるというものである。事実上、卒業証書の授与は進路調査票との交換のようなことになっているので、データは取れているのだ。

ただし、対外的なデータには、いろいろと計算のテクニックが施されている。首都圏では学生の奪い合いが非常に激しい日東駒専《にっとうこません》（日本・東洋・駒澤・専修を指す大学受験業界用語）、関西では同じ理由で産近甲龍《さんきんこうりゅう》（京都産業・近畿・甲南・龍谷を指す大学受験業界用語）レベルの大学群が就職率の高低にとても敏感だ。国公立はまだのんびりしており、一般向けに出しているデータでもわりと信用できる。

入試偏差値は四〇台なのに、就職率の良さを大いに誇っている大学というのも目立っている。あれはほとんどが規模の小さな理工系の大学だ。手間隙をかけて学生を育て、就職支援をできる体制を作っているのはたしかだけれども、少し気をつけたいのは理工系就職のイメージの強い有名メーカーなどに、文系枠で就職させている戦略があるということ。学生本人が納得していれば何の問題もないが、エンジニアになりたくて×××大に入ったが、結局は営業マンにさせられてしまいました、というパターンはありがちだ。

そして、就職実績。

こちらの操作というか、見せ方の妙は下位校ほどすさまじい。

だいたい全国的に知名度があるとはいえない大学だと、実際の就職率はさんたんたるものだから公表すらしていない場合が多い。そのかわりに、就職関連のページを「就職先の割合」と「就職実績」の文字群で埋める。

具体的には、学部ごとに、どんな業界へ就職したかの円グラフを描くのだ。で、内定獲得実績のある企業名のうち有名どころをひたすら列記していく。そうしたページで「ここ最近五年間の実績」と断り書きしている大学は良心的なほうである。なんの断り書きもしていない場合は、もしトヨタや日立のような大手企業の名があがっていても、それはたとえば十三年前にたまたま内定者が出たなどの例外中の例外である可能性が高い。

就職実績のページなりコーナーなりを概観して、金融機関の名のやたらな多さに気づかされるのもふつうのパターンだ。メガバンクじゃなくても、地銀はもちろん信用金庫だって、地元では「優良就職先」と思われる。世界シェアがトップの無名企業で、しかもカタカナ社名を記すより（入社は大変なのに！）受験生ウケ、受験生の親ウケはいい。

その金融機関に八年前たった一人入行した卒業生は、たまたま大学受験で失敗してしまった元来とても優秀な人間で、本来なら早慶クラスの大学に合格してもおかしくなかったのかもしれない。あるいは、頭はそんなにまわるほうでないが、気配りはできるタイプで、「二十代はドブ板営業で修業してきなさい」と社長の父親の手配で入行した人間かもしれない。いずれにしても、統計学でいうところの「外れ値」が有名企業に受かった人であり、全学的に見たら例外中の例外を誇大表示している大学は多々あるので、ご注意を！

ノーと言えないキャリアセンター

基本的にキャリアセンターは学生のやりたいこと、言いたいことを否定はしない。心理カウンセリングと似ていて、「受容」のスタンスでクライエント（学生）に接する。

アメリカで発達したキャリア・コンサルティング自体がそうだからでもあるのだが、もっとリアルに言うと、学生を否定して来なくなったらアウトだから。人手が慢性的に不足しているので、来なくなった学生をいちいち追いかけてはいられない。

だから、たとえば地方の大学の学生がCA（キャビン・アテンダント）になりたい、マスコミに行きたいと、およそ現実性のないことを言ってきたときも、「やってみなきゃ、わかんないよね」と受けさせはする。そして落ちた頃、「では、現実的なところを考えよう」と入りやすくてブラックじゃない、地元の接客業やサービス業の求人を薦める。優秀な学生であったら地銀と信金を薦め、「金融」に内定を出した実績作りを目指す。もちろん、他の業種で学生の希望があれば、それを優先する。

でも、最初の現実性のない志望先に本気で受かると思いこんでいて、落ちてしまい、気持ちをリカバリーできない学生がけっこういる。夢を見るのも、ほどほどに──。

第2章

採用する側の論理とテクニック

1 就職活動はなぜ、ややこしくなったのか?

近年では海外進出にも熱心な、独自の教育事業を展開する某社。そこの人事マンが、先日こんな話をしてくれた。

「いやね、同期のやつと話していたら、意見が合っちゃったんですよ。就活という言い方もなかった当時だから受かったけど、いまのうちの会社の採用試験を俺たちが受けたらどうだろう。絶対、ダメだよな、って」

たしかにその会社の就職人気はずっと上昇していて、このところはエントリーが二万人以上で内定者が三十人程度といった具合。すさまじい競争倍率である。内定までたどり着くには、右記の彼らが就職活動をしたときとは比較にならないボリュームの書類を書き、筆記試験を受け、タイトなスケジュールの中で厳しい面接試験に繰り返し挑まなければならない。実力と相性と運が、とってもシビアに試される。

人気上昇中の会社だから選考が難化した面はある。

しかし、問題なのは知名度が別に変わっていない人気企業、あるいは、かつてよりも影の薄い有名企業であっても就職活動は大変になっているということだ。サービス業の一部で不人気企業の常連になっているところ以外、どこも簡単には内定が取れない（という目にあう学生があふれている）。

いったいなにが原因なのか？

不景気だから採用数が減ったという理由も当然あるのだが、それだけでは説明できないのが、昨今の学卒就職のややこしさである。

書類、筆記、面接の三選考はいまでも同じ

昔と今とで採用選考プロセスはどう違うか。これが、意外なことに、さほど大きく変わっていない。

まず書類選考があり、筆記試験、そして面接が三回くらい。

もちろん、例外はある。たとえば、某メガバンクの総合職は志望者が多いから、本番の面接の前にプレ面接があり、面接担当者は○△×の判定をする。×はそこまで、○は進め、△は自分じゃ判断がつかないので次の人が見てください。で、○が二回から三回もらえる

と合格で、本番面接に進める。△が何度もつけられると、最終的に本番を含めた面接を八回もさせられた、なんて話になる。

　他にも超人気企業で選考を多段階化させているところはあるけれど、大半の会社の面接は三回目で最終となる。面接で問われることも、とどのつまりは自己ＰＲと志望動機だ。この二点をダシに会話のキャッチボールをし、志望者のひととなりを観察する。昔と基本は同じだ。

　やや変化というか、以前より増加しているのは、グループディスカッションの実施である。他人との協調性などをチェックするためというより、手っ取り早く人数を絞るために重宝されている方法といった傾向が強い。

　それといまや常識と化しているのが、筆記試験は自社オリジナルではなく、リクルートマネジメントソリューションズ社製品のＳＰＩ２というテストを使っていることだ。ＳＰＩはSynthetic Personality Inventoryの略。総合的個人調査とでも訳せばいいのだろうか。要は、国語と数学の基礎能力テストに性格検査がプラスされたものである（就職活動生が「性格検査」にどう対処すべきかは、第3章の１６０ページで伝授しよう）。

　このＳＰＩの試験を頼むと、たとえば、一受検者あたり二千五百円かかるそうだ。書類選考で最低限の能力がない者を足きりし、残った者が筆記試験のSPIを受けるわけだが、ちょいとした人気企業ならその段階で一万人というのは通常の数である。

正直な話、不況が深まるこのご時世、筆記試験だけで二千五百万円也の出費はきつい。必然的に、受検者数をできるだけ絞ろうとする会社も出てくる。

対外的には、「弊社の採用は人物主義です。だから個人個人をよく見させていただき、最後にいちおうの判断材料として筆記試験を行います」と言っておきながら、面接三回→筆記試験というふうに順序を逆転させるのだ。これはもっと増えていきそうな、新しい選考プロセスの潮流である。

また、ここ数年間で「テストセンター」と呼ばれる筆記試験の方法がメジャー化している。全国主要都市のあちこちにある専用会場に受検者が出向き、ビルの一室にずらっと並んでいる端末を使いテストを受ける。SPIのパソコン版だ。

同じ会場でも受検者ごとに違う問題が出される。英語検査も受検可能。いつまでに、どんな形でテストセンターの受検をしてもらうのかは企業が指定する。就職活動生は指定に添って、最寄りの会場で受検をし、そのテスト結果を自分で志望の企業にデータ送信し、選考の材料としてもらう。

イメージとしては、私立大学入試で組み入れるセンター試験みたいなもの。組み入れの度合いやタイミングはいろいろと変えられ、企業側にはなにかと好都合だ。

というふうに、思いつくままをあげていくと、それなりに新しい話が増えていくが、ここでおさえておきたいのは、書類、筆記、面接が選考の三大要素であることに変わりはないという事実である。

では、一体全体、なにゆえ最近の就職は大変になったというのか?

ナビサイトが就活・採活を膨張させた!

現役社員、それも人事マンでさえ「俺たちでは受からない」と思う採用試験。なぜそこまでハードルが上がってしまったのか?

端的に言えば、人気企業に就職活動生が集まりすぎるようになったからである。応募の無駄打ちも増えたのである。なぜそのような現象がおきたのか?

九〇年代後半にサービスが開始され、二〇〇〇年前後に急拡大した就活ナビサイトという仕組みが、就職活動と採用活動に革新をもたらした。

おかげで就職・採用活動の世界が一挙に膨張したのだ。

いまや就活ナビサイト抜きの就職活動は非現実的だ、と第1章で述べた。

就職活動生はまず、主として三年次の夏休みに行われるインターンシップの情報入手とそのエントリーを、「リクナビ」や「マイナビ」をはじめとした就活ナビサイトで行う。そして、ナビサイト運営会社主催の合同説明会に参加し、企業別の説明会の予約をナビサイト上で行い、志望企業のエントリー、選考結果の確認などを、すべてナビサイト上で済ます。就職活動に必要な常識のお勉強、先輩方のアドバイスの拝読、サイトによっては就活のお悩み相談や情報交換まで、就活ナビサイト上のサービスで間に合わす。

会社選びの参考に業界研究本を読むとか、知人やキャリアセンター経由でOB・OG訪問をして志望先の社風を知るとか、ふらりと本社まで出向いてアクセスを確かめ、社員の雰囲気もつかんでくるとか、そういった「ナビサイト外」の動きを一切しないで就職活動を終える学生のほうが圧倒的に多い。

みんながやらない活動をこなせば頭ひとつ出ることができるかもしれない（当たり！）、そう気づいた学生がいたとしても、実際に割ける時間と余力がない。なぜなら就活ナビサイトがらみで行わなければならない作業が膨大だからだ。

あの会社もこの会社もと手を広げ始めたらキリがなくなるくらい、パソコン画面には応募可能な会社がたくさんある。

就活ナビサイトは「一応」日本の就職活動生全員に、求人情報を公開している。以前は、特定のいくつかの大学にしか送らなかった求人票を、企業がナビサイトに求人情報として掲載することで、「誰もが」「どこの企業へも」採用選考にエントリーできるようになったわけである。

結果、以前だったら、「うちの大学からは難しいだろう」と避けていた企業にも、新卒募集の応募をする学生がわんさと出てきた。

手書きのハガキで応募していたかつてより、パソコンを使ってエントリーする今のほうが心理的負荷は小さい。そんな些細な話も含めて応募の「自由化」が起こり、「知名度の高い会社」「身近なイメージの会社」の人気が沸騰したのだ。

たいした志望動機がなくても、とりあえずエントリーする。とりあえずすることによって、学生は就職活動をしている気分になり、受かるはずもない企業へのエントリー数を増やし、どこかには受かるだろうと甘い幻想を抱く。

いまや十単位の採用に万単位の人数の応募が来るケースも珍しくない。マスコミのような宝くじ的倍率の就職人気企業があちこちに存在する。

事実上の学校指定制度に近かった、あるいは大学階層と企業階層が近似していた就職活動が、IT革命で下位校の学生でも有名企業の門を叩けるようになった。とも言えなくはない。実際、門を叩いて、その先のお屋敷に入ることになった例も、ごくごく稀にある。

けれども、そうした「功」よりも、「罪」のほうがやっぱり目立つ。「機会の平等」以上に「現場の混乱」をもたらしたのが、ナビサイト主導の就職・採用活動なのだ。

落とすために課す重たい書類選考

では、有名企業へ応募が集中し、身近なイメージの企業の採用公募にエントリーする学生の数が万単位になると、具体的には何が問題化するのだろうか?

これについては、まず採用をする側の立場になって考えてみるといい。

以前はそこそこ優秀な学生が安定して集まっていた企業に、大学階層も本人の程度もバラバラな学生たちが大挙しておしかける。たくさん人が来ること自体は、その企業の人事部にとって喜ばしい。説明会の参加者数なり応募のエントリー者数なりが、採用広報に成功したという社内評価につながるからだ。

しかし、喜んでばかりはいられない。実際に採用する人数は動かないので(むしろ微減している)、増えたぶんだけ落とすための採用活動に勤しむことになる。

他部署の力も借りなければ実施できない面接をこれ以上大規模にしたくない。そのように考える人事部は多い。

で、書類選考のハードルを上げる企業が増えた。

書かせる内容は、以前と同じで構わない。自己PRに志望動機と「大学時代に何を学んだか」などのお題をひとつふたつ。

内容はステロタイプなままで、どのようにハードルを上げるかといえば、各項目で書かせる量を増やすというのが常套手段だ。そこそこ安定時代の書類選考では、三行だった志望動機を十五行にしたり。四百字以内だった「大学時代に何を学んだか」をA4一枚と変えてみたり。なかには自己PRや志望動機もA4のペーパー一枚で、とする会社もある。

結局は誤算なのだけれど、エントリーシートの作成を大変にすれば、安易に応募を考えていた学生が二の足を踏むと思っているのだ。

設問をオリジナリティあふれたものにすると、読みこむ側が大変になるので、そこを工夫をする人事部は少ない。この段階では、誤字脱字や固有名詞の間違いチェック、全体的に日本語となっているか、どこかの既製品の丸写しでないか、といったポイントで「落とす」書類を見つける。その程度なら、機械的に処理できるので、外部の業者に選考を委託している会社もある。

書く量が増えれば、学生側はたしかに大変だ。応募企業数がみんな多いので、生真面目に取り組んでいたら先に進まない。

そこで要領のいい学生は、巧妙なコピー&ペーストで「自分らしい」文章をしあげていく。先輩内定者が書いた実例がたくさん載っている楽天の「みんなの就活」あたりを参考にして、パターンの異なるいくつかの文章の部分をモザイクアートのように組み合わせ、それなりに整った自己PRなり志望動機なりを作成してしまう。

あるいは、第1章で述べたように、キャリアカウンセラーの指導を大いに利用、ときにはカウンセラーさんに志望動機をそっくり書いてもらっている学生もいる。学生同士、仲間うちで文章のうまいやつに「ひとつ頼む」という、昔ながらの方策をとる学生だってもちろんいくらでもいる。

要領の良さも能力のうちだが、そういうタイプを「選ぶ」ことが人事部の意図ではない。だから、このハードルの上げ方は誤算なのだ。

もうひとつは、設問に対する回答を「具体的にお書き下さい」と、これまで以上に追及して記述させる手段だ。

例えば、志望動機において、「入社したら何をしたいのか具体的にお書き下さい」に始まり、「十年後になっていたい自分像を具体的にお書き下さい」と問い詰める。また、王道の自己PRにおいても、「入社したら、あなたの何が当社でどのように活かせるのかを具体的にお書き下さい」とくる。

こういった項目を乱発させた背景には、応募者の多さに目を白黒させた人事部が、より志望度の高い学生を選別するために「本気なら書けるはず」との狙いがある。

余談だが、同様のエントリーシートを導入した某専門商社では、社員のご子息がこの会社のエントリーシートを書けず父親（ベテラン社員）に相談したところ、設問に目を通すやいなや「書けるか！」と怒鳴られたそうだ。

まあ、傍目《はため》には人事部も学生も、どっちもどっちというのが書類選考の難化である、という話になるのだけれども、学生側はそれで安心してはいけないことを指摘しておく。

書類選考段階ではその程度の書類でも通る。でも、書いた内容は面接の際に、面接官の質問の「きっかけ」として使われるのだ。

そこに自分の考えではないことを書いてしまっていたら？

面接でツッコミが入ることを覚悟すべし。たとえ咄嗟の切り返しのうまい学生であっても、好印象を持たれることは期待しないほうがいいだろう。

企業人事がSPIをやめられない理由

書類選考をパスしたなら、通常、次に立ちはだかるのは筆記試験だ。

これは先述したようにSPIを使うことがスタンダードになっており、ここで落とされる学生は相当いる。企業によって、またその採用の年によって、どの程度を最低水準点とするかはいろいろだが、人事部はSPIの結果をけっこう信頼している。というより、結果の悪いやつをきっちり落としておかないと、そのあとの面接をすり抜けられたら、とんでもない採用になるぞ、という意識がある。

基礎学力のない学生を落としたいわけである。文系採用であっても、割合の計算ができなければ業務に支障が出るだろう。信じたくない話なのだが、昨今は大企業、有名企業の応募者の中にも、分数の算数でまごつく層が混じっているのである。

大人による若者バッシングにしばしば疑いの目を向ける私だけれど、この点では人事マンのぼやきと一緒だ。ある人事マンはこう言っていた。

「だれが、なにを、いつ、どこで、なぜ、どのように、が書けている子がいると感動するんですよ！」

文法の基本、特にビジネス文書の作成ではイロハのイに来る、「5W1H」の話である。ここをきちんと意識した「言いたい事が人に伝わる文章」を学生が書いてくると、たしかに私も嬉しくなる。「キミは大丈夫だから！」と無責任なことを言いたくなる。

それだけ日本語の書けない学生がたくさんいるわけである。

キャリア教育のひとつにビジネス文書の指導があるけれど、べつにビジネスをいまから意識させなくていい。とりあえず意味は通じて、できれば論理的思考の足跡が一箇所でも見つけられる文章を書いて欲しい。これは大学の通常の授業で十分に身につく。学生さんの読者向けに第3章で具体的なアドバイスをしよう。

算数にしても国語にしても、「学力に難あり」としか判定のしようがない大学生は増えている。少子化なのに大学進学率があがっているからである。大学が学生集めのため、一般入試を受けなくても大学生になれる入り口をいっぱい設けているからである。

いわゆるボーダーフリーと呼ばれる入試偏差値の算出が不可能なほど「誰でも入れる」大学だけでなく、いまやＭＡＲＣＨ《マーチ》（明治・青山学院・立教・中央・法政を指す大学受験業界用語）や関関同立《かんかんどうりつ》（関西・関西学院・同志社・立命館を指す大学受験業界用語）レベルの「難関大」にも、ＡＯ入試経由などで「学力に難あり」学生が入ってきている。そうした学生でも「××大生」であることには変わりなく、大学発行の公的な書類にもどう入学したのかは記されない。

だから企業人事部は、ＳＰＩの結果をしっかり検討する。採用選考のどこかの過程で、提出書類に「どのような方式で入学しましたか」と尋ねる項目をさりげなく挟みこんでいる場合もある。

「企業への提言」から「リクナビ」まで

就活ナビサイトを初めて立ち上げたのはリクルートだ。一九九六年にサービスを開始した「リクルートブックオンザネット」がそれで、翌年「リクルートナビ（＝リクナビ）」と名称を変えた。

リクルートの就活ナビサイトの「前身」は、「リクルートブック」という媒体であった。就職活動期が来ると大学卒業予定者のもとに届く、やたらめったら分厚い求人情報誌。就職ガイダンスなどの読み物ページもあり、何冊かに分冊され、企業への応募ハガキ一式がついて、ダンボールで運ばれた。「いい大学」の学生に届くダンボールほど重かった。

大学新聞広告社として一九六〇年に創業したリクルートは、一九六二年に「企業への招待」を創刊、それが一九六九年創刊の「リクルートブック」につながった。就職活動生と企業を結びつけて利潤を生み出すビジネスは、同社にとって昔も今も中核的事業なのだ。

紙モノの雑誌からウェブ上のポータルサイトへ、求人情報の集積場をどんどん移行させたのは、パソコンの普及が進んだ二〇〇〇年前後である。企業独自の採用媒体のウェブ化も進み、いまやまったく紙モノを刷っていないところも結構ある。

2 なんのための採用活動か？

就活ナビサイト全盛になって、万単位の志望者が集まる企業が増え、書類選考や筆記試験でどう就職活動生を落としているか、ざっと説明してきた。

集まりすぎた学生を落とすための選考は一次面接でも行われているのだが、その話に入る前に、書類選考より数カ月前の会社説明会でも参加の可否を「選考」する企業が出てきていることを言っておきたい。業種では金融に多い。選考法は、通常の書類選考と同じようなものを提出させるやり方だ。

効率的に応募者を絞るための新しい手法なのだが、これには私も怒りを覚えている。だって、そこはあくまでも会社説明会。会社の状態をまだ学生に知らせていない段階で、志望動機とかを書かせて選考するとはズイブンじゃないか。企業倫理もへったくれもありゃしない。

口が悪くなってきたついでに就活ナビサイトについても申し上げておけば、運営会社はすでに採用を終えている企業は該当ページでその旨がわかるように、就職活動生の立場を考えた最低限のサイト管理をしていただきたい。

それと、近ごろサイトの付加機能で使っている会社が多い「人事のブログ」みたいなアレ。試しに何社か巡回してみれば読者のみなさんもそう思われるはずだが、いくら読んでも内容がないのだ。情報も社会人ならではの思考もない。フレンドリーだけを全開にして、「今日の研修も勉強になりましたっ」とかズラズラ書いて、文末のあちこちにデコ絵文字をつけてみたりするバカっぽさ。学生には、エントリーシートや応募書類を山のように書かせるけど、彼らに文章から人となりを読みとるだけの国語力があるのだろうか。

どんなに程度が下がったといっても、パソコンやケータイでのＴＰＯは現役大学生のほうがわきまえている気がする。画面上で下手に媚を売ると、学生は見事に見透かす。ブログ担当の人事マンはそのおつもりで――。

最初の面接で通る子、落とされる子

さて、面接の話に入ろう。

書類、筆記でふるいにかけて、それでもまだわんさと残った応募者は、次に「落とすための面接」へと進む。プレ面接を実施する会社を除けば、一次面接がそれに当たる。

一次面接の部屋には、人事マンがいないこともざらだ。社内の各部署から若手や中堅社員を集めてきて、彼ら彼女らに選考を託すことが珍しくない。

相手にする学生数が多すぎて、いちいち人事部の者が選考につきあっていたら仕事がまわらなくなる、という現実的な理由がある。また、若手社員に面接の場を経験させることで、人材育成の機会とし、入社時のフレッシュな思いを再認識させるといった戦略的な理由もある。

が、一次面接における企業の狙いは、「現場の歳の近い社員が一緒に働きたいかどうか」を判断基準に人材を選別することである。

現場の肌感覚を活かすのはいいが、焦っている企業が多いんだなあと思う。こうした一次面接でピンとこなかった応募者をばっさり落とした場合、貴社に欠けている資質を備えた人材を無視できない確率で取り損なっている可能性はないだろうか。

各部署の業務に追われている面接官は、「こいつは我々のノリとは違う」「うちの空気には馴染めまい」といった印象の学生を落とすはずだ。だとしたら、裏返すとそれは「類は友を呼ぶ」選考で、悪い意味での社風の固定化につながるのではないか。人材の多様性を確保し、ビジネス環境の変化に柔軟対処する組織論の反対だという気がするのである。

少なくとも「これまでのうちにはあまりいなかったタイプの子だけれど、どこかで化けるポテンシャルを感じるから、じっくり育ててみようか」といった採用の姿勢は薄れている。その姿勢と連動するかのように、ＯＦＦ‐ＪＴ（Off The Job Training）にかける予算が減ってきている企業が多いとのことだ。

現場での即戦力を求めがちな一次面接では、とくにパッと見で地味な学生、しゃべりが苦手な学生、まじめが取り得の学生がよく落とされる。

地味だから暗い、口下手だから使えない、まじめだから人間味に欠ける、というわけでは必ずしもない。それどころか、静かにまわりを観察できてコツコツと自分がやるべきをやっていく強い意志を持っている子、だったりする。ならば、口先だけの中身が伴わない学生より、中長期的には、安心して仕事を任せられる人材になる可能性が高いだろう。

が、社内の各部署から集められた面接官は、会社にもよるが営業系の職種に就いている者の率が高い。右記のようなタイプの潜在的能力は見逃されやすい。

また、このところは、「手っ取り早く落とすため」のグループディスカッションやグループワークが増えている。それらは本来、仕事をしていく能力を多角的に見ていくための手法だった。新卒採用においても、面接とは異なり、対策を打つことが難しいから、学生の素地が見えると期待した。ところが、応募者同士を比較しながら観察できるので、余裕のない中で行うと、どうしてもアラ探しになってしまう。

自己主張の強すぎる者は「協調性に難あり」で落とされるが、たとえば五人の中で一人だけ残す場合、控え目な者も落選組の箱にポンだ。さらには、話している最中に下を向いていた、髪の毛を触っていた、脚を組んでいた、といくらでも落とす理由が見つかる。

短時間の中で、他の四人よりも光っている何かを見せないと残れない。自ずと、本番に強いタイプ、自信と余裕があるタイプ、笑顔のきれいなタイプあたりが選ばれやすい。スマートな人間に有利で、磨けばいずれ光る原石タイプには不利だろう。

ショーイベント化する企業説明会！

スマートといえば、近年の企業の採用活動もどんどんスマート化している。

これはキケンな傾向だ。

人事部長や各部署の管理職クラス以上が登場する二次面接以降は、応募者のポテンシャルをそれなりに見ようとする。きれい事では済まされない現場でやっていけるかどうか、自社が必要としている人材を「取るための」面接が行われている。比して、一次面接までの選考は「落とすため」ばかりに行われていると述べてきたが、選考に入る前の企業説明会も違った意味で、首を傾げる状態になっていることを指摘しておきたい。

特に大手企業の説明会が気になる。参加者である就職活動生を「お客様」と捉えたショーイベントのような説明会がやたらに目立つのだ。

就活ナビサイトが主催する巨大会場での合同説明会は、そもそもお祭り色が強く、いちいち批判するようなものではない。

予算の潤沢な企業はイベント事業も行う採用支援業者に、ブースをまかせることが一般的だ。人事部からは若手を一人だけ監視役として行かせる程度というケースも多い。合同説明会での対応の良さを「とっても雰囲気のいい社風の会社だと感激しました」と解釈し、志望動機にしてしまう学生がたまにいるが、その学生の相手をしてくれたのが社外の業者だったりするのは苦笑するしかない。

私が問題視するのは、個別に行われる企業説明会である。

企業説明会には、就活ナビサイトなどで予約を受け付けて自社内かどこかの会場を借りて催すものと、大学キャリアセンターと組んでキャンパス内の施設にて催すものの二種類がある。

立場上、後者の企業説明会をたくさん見てきた。年々、ショーイベント化していく様子に苛立ちを覚えてきた。

業者の入れ知恵が浸透してきたのだろう。どの会社の説明会もスマートで、手際よく進行する。聞く側としては、ひっかかりがない。質問する前にぜんぶ説明してくれる。

あくまでも差し障りのないタテマエの範囲で、学生を「わかった気にさせる」演出に長けた説明会が実に多い。

わかりやすくておもしろい語り部たち

ありがちなショーイベントの中身を具体的に説明しよう。

まずは自社の概要案内と仕事のガイダンス。若手の人事マン（男女を問わず美形が多い）が颯爽と登場し、ビジュアル的な完成度が高いパワーポイントを駆使して、自社の魅力をさりげなくアピールする。

素直な学生たちは、「ふーん、けっこうカッコいい会社なんだな」とか、「さすが社会人はプレゼンテーション能力が違うな」とか感心する。多少おへその曲がった学生でも、コンパクトにまとめられたガイダンスを聞いて、「わかりやすかった」と思う。

その会社のホームページ、就活生向けのものではなく投資家向けのページを読みこめば、もっといろいろ発見があるはずなのだが、座っているだけで早分かりできる受動的な「マスコミュニケーション」の引力には敵わない。

ひとつのことを知るにも本を読むよりテレビを見るほうがラクチン、というのと同じ話だ。そしてまた、テレビで仕入れた知識は読書の場合と比べて頭に残りづらい、という点でも同じだ。

一通り分かった気にはなる。しかし、スクリーンに映し出された本社ビルや工場のイメージ、人事マンが繰り返していた「日本を元気にするイノベーション」というフレーズ、脳内に入力されたのはそれだけかもしれない。

で、ガイダンスが終わるや否や、ツカツカツカと男女三人の新入社員たちが壇上にあがり、それぞれ営業部の突撃隊長こと××さん、商品開発部のマジカルガールこと××さん、経営戦略室のエクセルエキスパートこと××さん、といった調子で紹介される。

三人が順に、自分の仕事の体験談を語り始める。

あのクライアントを口説くときは心臓が止まるかと思いました、直属の上司が好奇心旺盛で私のマイナーな趣味にたいそう興味をもってくれる人なんです、数字が一の位までピッタリ合ったときの快感といったら病みつきになります、だなんだと、おもしろエピソードを披露してくれる。

なるほど、臨場感のある話だ。職場の情景が絵になって浮かんでくる。けれども、それぞれの話はその人ひとりの体験談にすぎず、その会社の説明ではない。しかも、壇上にあがった彼らは、新入社員の中でもとりわけ「できるやつら」として選ばれた人々であることを忘れてはいけない。平均的新入社員の体験談では決してない。

そして、壇上の自分語りはまだ続く。

こんどは前記の三人よりさらに若い連中がぞろぞろと登場する。その企業の内定を取った、現役大学四年生たちだ。

各人の自己紹介、そして内定に至るまでの就活体験談が始まる。熱い語りが多い。

説明会のクライマックスは涙声の「がんばろーぜー！」

自分はなぜこの企業に決めたのか、自己PRではこんな話をした、こうしたら受かったと、要は合格体験の発表会だ。

「ボクも一時期はへこんでひきこもりみたいになっていました。けれど、この会社で営業をやっている××さんの『キミはまだ本気を出したことないだろ？』の一言が、目を開かせてくれた。ここまでたどり着く勇気をくれた。だから、みんな、がんばろーぜー！」

と、涙声でエールを送る者までいる。

なんの関係もない第三者がこの会場を覗いたら、あやしげな自己啓発セミナーが行われているのかと思ったっておかしくない。少し引いた姿勢で参考程度に話を聞ければいいのだが、就職活動が始まったばかりで不安だらけの学生にとって、内定を獲得した先輩は全知全能の神のように見えてしまうものだ（自動車教習所に通い始めの者にとって、路上教習生の姿がキラキラ輝いているように）。

で、その神のように見られる内定者自身も、苦労をして内定を取った者同士で「がんばろーぜー！」と一番盛り上がっている時期にあるわけだ。内定辞退がおきないように、人事からは大切に扱われている。社員の「いい話」ばかりを聞かされた上で、「キミに決めた」

と合格印を押された直後なのだから、自分の将来に対し成功イメージがもっとも膨らんでいるときなのだ。

むろん、壇上の内定者たちは、なにひとつ実際の仕事を経験していない。どんな仕事にもつきまとう、泥臭い部分や不条理な要求や思わぬ落とし穴にやられたことがない。いまは熱く自分を語れても、一年後、二年後はわからない。内定の喜びが人並み以上に大きいので、入社後のミスマッチが起きやすい層だと思われる。

壇上での話のあとは、会場全体が小グループに分かれて、それぞれに内定者がはりつき、就活相談をライブで行うケースも多い。自分のエントリーシートのコピーを持ってきて、配っている者もいる。

そんな内定者の話に感動して、その会社を志望し、すんなり内定を取る学生が出たら、入社後のミスマッチはさらに起きやすくなる。キケンな流れだ。

企業人事部はなぜ新入社員のみならず、内定者まで説明会に連れてくるのか？

連中の熱い自分語りが、就職活動生の不安をやわらげるからだ。不安でいっぱいのみなさんの就職活動を当社はサポートいたしますよ、というフレンドリーな自社イメージの演出なのだ。

では、その演出はなんのためにするのか？

応募者の数を集めたい、という意図はある。が、それ以上に強くあるのは、「うちの商品のいいお客さんになっていただきたい」との計算である。採用活動ついでに、自社宣伝をここぞと展開するわけだ。だから、本来の企業「説明」は、サラッと済ますだけでかまわない。「親切でいい会社だったね」という印象さえ残ればいい。

「数」は計れて「質」は問えない

こうして本来ならば自社に必要な人材を「取るため」の採用活動が、あちこちの場面でおかしなことになっている。全体的にはスマートでフレンドリーな「合理化」「効率化」が過剰に行われているのだが、キャリアセンターでまともに仕事をしている職員たちは、この状況を苦々しく思っている。

キャリアセンターの職員と企業人事部との接点は、けっこう頻繁にある。キャリア教育の授業計画を立てる際に参考意見を聞きに行ったり、企業の情報収集で出かけたり、インターンシップや就職先開拓で赴く場合もある。逆に、向こうから大学に求人情報を持ってきてくれる「来訪企業」の対応で話すこともある。

大学職員は基本的に事務方体質なので、飲みニケーションの関係まで発展するケースは少ないが、私は機会があれば人事マンが集まる飲み会にはなるべく顔を出している。

そうした間柄にあって、ここ数年、どの業界でも起きていると感じるのは、「人事マンの急速な若返り」である。私が感じているだけではなく、キャリアセンターの同業者としばしば話題になる潮流なのである。

なぜ人事マンが若返ったのか？

ひとつは先述した、自社宣伝としての採用活動の意識だ。

学生に近い年齢だから学生の気持ちがわかる、若手でも活躍できる会社というイメージづくりである。なかには、ただの採用活動ではなく、自分たちが就職活動で苦労した経験を活かし、学生の就職活動に役立つ活動を目指す、という会社・人事も現れてきた。

それなら、説明会に来た学生たちに、自分の仕事や会社の実態を包み隠さず話してくれれば十分である。本当に役立ちたければそうしてほしい。

もうひとつは、就活ナビサイト全盛で激化する採用活動において、ライバル他社に勝つための論理である。説明会や筆記試験など初期の段階で、若手の人事マンが爽やかで親切な学生対応の陣頭指揮をとる。そうやってイメージを良くし、自社を志望する学生数が増えれば、その中から優秀な人材を選びやすくなる。対象者が多いことは、その後の抽出の精度があがる。そう考えたのだ。

で、結果的には、応募者が集まりすぎて、一人ひとりをていねいに見ることができなくなった。少し考えれば誰でも予想できそうな誤算なのだが、まだ懲《こ》りてはいない。

企業経営ではなく、人事部の立場からすると、それでも構わないのだろう。多くの人事部は企業内のエライさんから、内定者の数（予定人数の確保）と質においてのみ、採用活動の評価をされるわけじゃない。エントリー数、説明会参加者数、書類提出者数、筆記受験者数、面接受験者数……の人数管理を前年対比で評価される。

初期の段階の人数を増やした結果、丁寧な人物考査ができなくなったと誰もが感じていても、そのせいで内定者の質が落ちたと言い切る論拠にはならない。だいたい、「数」は客観的に前年度のものと比較できるが、「質」のほうは各人の主観がどうとるかだ。

面接の後半になって、人数が絞られてからお出ましになる役員たちは、「落とすための」採用活動の虚しさを知る由がない。景気が良ければ、「君に期待しているよ！」と背中を押し、景気が悪ければ、「今年の学生はもの足りないねえ」とバサバサ斬って落とすのが役割。人事部のがんばりについては、あくまで「数」で見る。

外食とパチンコから始まった……

学生に親近感を覚えさせ応募人数を増やす採用活動は、サービス業界から始まった。応募者が集まりにくい、外食チェーンやパチンコ関連会社が早かった。

こうした業界ではトップダウンで人事部改革が盛んに行われた。学生の目に「態度が横柄」と映りやすい年配の人事マンを切り、スマートでフレンドリーな若手の社員を登用、新卒採用活動の権限を持たせたのである。

正直、私の目には、チャラい人事が増えたなあ、という印象だった。が、そういう企業へ、「人事の雰囲気がよかった」「説明会がていねいでよかった」「個別に相談したときの対応がすごくよかった」という志望動機で流れこんでいく学生が増えていった。

就職難だから、というのもある。でも、これで釣られた学生は、やはり浅はかである。

この若手人事マンの活用法は、ほかの業界へすぐに伝染した。ＢｔｏＣ企業にその傾向が強いことは事実だが、いまでは商社あたりでも採用活動の雰囲気作りに熱心で、若手人事マンの活用が目立つ。

人事部自体は社内の重要部署だ。人気職かどうかは別として、通常、そこへの若手の異動はスター人事である。

最近は、他の部署から「できる若手」を引っ張ってきて、新卒採用活動を中心に三年くらい働かせ、三年経ったら次の「できる若手」と入れ替える方法が流行っている。

そして、若手人事マンたちは就職活動生に対し、前職である営業での成功体験をリアルに話したりして、「キミでもできるよ」と微笑む。いくら営業で「できるやつ」だったとしても、彼や彼女は人事の専門家ではない。一次面接で若手人事マンから「キミいいね。一緒にやろうね」と声をかけられた学生が、二次面接であっさり落とされるというのも、よくあるパターンとなっている。

キャリアセンターの者たちの少なからずが、「最近の人事は質が落ちた」と思っている。

「わかりやすいだけがいいんじゃない。実際の仕事の難しさもちゃんと伝えてくれ」

「採用に完璧はありえない。全能の神のような振る舞いは慎んでくれ」

「正論ばかりペラペラ言うな。口ごもらざるをえない場面があることの重みがあるんだ」

などなどと、さまざまな不平不満を胸に抱いている。

昔は良かった、となるべく言いたくない。しかし、ほんの何年か前までは、もっと多様な人事マンがいたものだ。自社の業務の構造をよくわかっていて、幅広い社内ネットワークを持っていて、その上でキャリアセンター（旧・就職課）の職員と大人の話ができる人事マンが急速に減った。

今は昔、私自身が民間企業の人事マンだった頃までさかのぼると、他社の人事マンにアウトローな人がけっこういたことを思い出す。例えば、企業説明会でこんなことを言い放つ、やさぐれ人事がいた。

「オレは本当だったらこんなところにいる人間ではなくて、役員になっていたはずなんだけど、会社の中の体制が変わって派閥から外されちまってな」

そのぶっちゃけぶりは、いまだに忘れられない。先物取引会社の人事マンだったけど。

旧財閥系グループの某社にだって、「オレもあと一歩で副社長だったんだよ。まあ、なかなかうまくいかなくて、余生はこうなっちまったよ」と愚痴る人事マンもいたっけ。

地方大学の学内企業説明会で、終了時刻の一時間前に、「今日は、この地域の名産品のアユと地酒を楽しみに来たから、もうあがらせてくれ」と言い出す専門商社の人事部長と課長のコンビ。学生にまで趣味のゴルフの話題を持ちかけていた。等身大の会社員の大人を観察できて、あのときの学生はラッキーだったのではないか。

そんなやさぐれ人事は本当に一掃された。みんなクリーンでフレンドリーになった。

「新卒一括採用」が悪者だとは思わない

大学三年生で企業説明会だ自己分析だ企業研究だと追い立てられ、「就活なんか意味ないや」とそっぽを向いた途端にフリーター街道へまっしぐら。企業人事部にしても応募の数集めや数絞りにお金とエネルギーを注ぎ、本年の採用は予定通りの結果になるかどうかハラハラの日々。そんな苦痛と不条理ばかりの「新卒一括採用」だなんて、一刻も早くやめたまえ。通年採用に切り替えて、労働市場の流動性を高め、多様な人材が行き交う中でイノベーションを起こすような産業社会を実現させよ。

ま、他にもいろんなバージョンもあるのだが、こういうふうな「新卒一括採用」悪者説、「新卒一括採用」廃止論がたびたび知識人の間で議論されている。

就職活動に徒労を覚える学生は、ことさら共感することもあるだろう。

現状が息苦しい、いい学校からいい会社へというエスカレーターをいまだに前提として動いているこの国はあまりにおかしい。その苛立ちはわからないでもない。

しかしバイト程度しか働いたことのない学生を卒業と同時に一括して採用し、育成する日本特有のこの制度がもしなくなったら、果たして何が起きるか。冷静に考えてみよう。

通年採用にして、求人の時期がバラバラになった場合、その情報をすぐキャッチして行動に移せる人は有利だが、そうでない人は置いてけぼりを食う羽目にならないか。企業人事部もどのタイミングで内定を出すにせよ、入社まではずっと内定者をつなぎ止めておかねばならなくなる。いつどんな人気企業が採用を始めてその内定者を横取りしにくるかもしれない。結果的に、これまで以上のお金とエネルギーのロスが発生しそうだ。

一括採用をする企業があまりないという欧米では、そもそも高卒でストレートに大学に入る人がけっして多くはない。いったん社会に出て、人生の目的をはっきり見定めた人たちが、より高度な学びを得るために入るのが大学だという。

日本に大勢いる、目的はないけれどとりあえず大学生となった人たちが就職活動も自由となったときに、自由の恩恵を受けるのはごく少数で、自由に振りまわされてしっちゃかめっちゃかな人生になるほうが多数ではないだろうか。

二十歳くらいの、まだ世の中が見えていない、判断基準をしっかりもっていない「子」が、実際に大学で滞留しまくっているのがいまの世の中なのだから、新卒一括採用制度があるおかげで職業社会に目を向けさせやすいと解釈し、モラトリアムはここまでだぞと線を引いて支援をするのが大人の役割じゃないかな。私はそう思っている。

3 人事マンの言いがちなセリフ

ちかごろの人事マンについて、放言しておきながらこう言うのもナンだが、彼ら彼女らとて人の子であり、サラリーマンである。職業上の悩みもいっぱいある。

「緊張しぃで自分を発揮できない就職活動生を見ながら、「じっくり手をかけてあげたら伸びる学生かもな……」と思っている場合だってよくある。だけど人事という人を選ぶ立場にあるから直接アドバイスはできない。良心的な人事マンならではのジレンマだ。

とくに良心的でなくても苦労は多い。現場から「仕事の邪魔だ」と煙たがられるインターンシップなど止めてしまいたいが、学生支援に前向きな部長の手前そうもいかない。

就職難の時代だって、いくつもの内定をすんなり手にするやつはいるもので、そうした「優秀な学生」をひっぱり入れるのが人事マンの腕の見せどころだ。年下相手に「キミを選んだボクらの本気度」を必死に訴える自分の姿が虚しくなる。でも、くどいた学生は逃げられないよう注意しなければならない。ふと「内定辞退」という四文字熟語の向こうに怒り心頭の役員の顔が重なって浮かんできて、ぶるっとする自分が情けない。

業績の悪化で今年度は△△大学から一人も学生を取ることができなくなった。ただし、ご縁は切れないようにと、キャリアセンターまで挨拶に行く。「それはそれはわざわざ」と出迎えてくれたセンター長の目が笑っていない。この大学には、去年も同じ挨拶をしにきた。さすがにもう来年は……。

さて、そんなこんなの悲哀に満ちたお仕事を乗り切るには、いかに割り切ってドライに行くかだ。直接、就職活動生に向き合ったときの人事マンは、笑顔の仮面をかぶっている。本能的な自己防衛だろう。素顔をさらさなければ、ヒトは強気になれる。

就職活動生はそうした人事マンの立場や心理を踏まえた上で、その口から発せられる言葉を解釈していこう。まんま鵜呑みにしてバカをみないように気をつけなさい。

この項には、就職活動生に要注意の人事マンが言いがちなセリフを列挙しておく。

言いがちセリフその1「どんな方でもいらしてください」

これはいずこの人事マンも無意識に使うセリフなのだが、ちょっと質問をしてみるとすぐにそうでもないことがわかる。キャリアセンターに向こうから足を運んでくれる「来訪企業」の人事マンと私とのやりとりを速記した、格好の実例があるので紹介しよう。

ちなみに、ご来訪くださった企業は、首都圏のマンション管理をメイン事業にしている中堅不動産会社。財務体質のしっかりした大企業の子会社でもある。

＊　＊　＊

沢田　ご足労いただき恐縮です。早速ですが、学部や学科など、採用したい学生の学んでいる内容に関するお考えはありますか。
人事　いや、特にないです。明るく元気であれば、どんな方でもいいので、ぜひたくさんの学生さんに来てほしいと思っています。
沢田　では、どんな人物に魅力を感じますか。
人事　そうですね、やっぱり私どもの仕事ですと、イケイケドンドンというよりかは、地道な事務も多いし、顧客第一なのでしっかりと信頼関係を築ける方ですかね。
沢田　具体的には、どのような職能のある方がご活躍されていますか。
人事　事務総合職ですから、何でも屋さんなのですけれど、法律の知識は必要ですね。
沢田　仕事内容としては？
人事　マンションの保守メンテナンスとか、建物のオーナーへの訪問活動とか。新規顧客の開拓はずいぶん減りましたけど、法律の改定は増えました。その都度、対応していかないと、顧客からのご要望やご相談にお答えできません。

沢田　なるほど。でも、お客さんで法律に詳しい方は多くはないですよね。そういう意味では、要望やニーズを引き出すのは簡単ではなさそうですね。

人事　ええ。ですから、ふだんから問題意識を持って、顧客とのちょっとした会話からニーズをキャッチできないとダメです。あと、法律をわかりやすくご説明する力も。

沢田　かなりの専門知識がいるお仕事だ。

人事　法律の他は、建物の構造とか、地域の景観、最近は自然環境の知識もなにかと……。あ、でも、そういうのはやっていくうちに覚えていきますから。学生さんには安心して応募していただきたいなって思います。

沢田　よくわかりました。ご説明ありがとうございました。

＊　＊　＊

さあ、どう読まれただろうか？

人事マン氏ははじめ、「明るく元気であれば、どんな方でもいい」と言った。でも、やりとりをしていくと、法律、建物、環境などの専門知識がいることがわかってくる。たぶん気難しい人が少なくないオーナーの知恵袋になりえるような、細やかな心遣いや腰の低さも必要不可欠っぽい。

「明るく元気であれば～」からは根性と愛敬で修羅場も乗り越える体育会系学生をイメージしてしまうが、この不動産会社が欲しがっている人材はむしろ逆のタイプだ。法律の条文を隅々まで暗記しておかないと気がすまない「神経質なくらいの生真面目タイプ」のほうが向いているだろうし、かといって頭でっかちで知識をひけらかすやつはダメ。実際の年齢より上にみられるような、落ち着いた性格が求められている。

法律科目の成績が優秀で地味だけれども芯のしっかりしている学生が第一候補だろう。なのに、なぜ人事マン氏は「明るく元気であれば、どんな方でもいい」と切り出し、「学生さんには安心して応募していただきたい」とまとめてしまうのだろうか?

答えは簡単だ。ほんとうに欲しい人材の条件を具体的にあげてしまったら、対象者がそうとう絞られるからだ。

法律嫌いの学生はまず避ける。ノリでやってきたタイプも自分が働く会社ではないと感じてそっぽを向く。

で、説明会の参加者数や募集のエントリー数がかなり減る。前年対比で「数」を評価される人事は社内的に大変困る。面接で人を選ぼうにも寂しい人数になってしまう。

しかしそれは人事部側の論理であって、キャリアセンター側はここまでわかっておいて、「どんな方でもいい」を真に受けるわけにはいかない。その企業と仕事にあった生真面目なタイプをぜひプッシュしたい。

来訪企業さんはありがたい存在なのだ。不動産会社の人事マンからここまで聞き出すのに、十五分とかからなかった。関東私大だと、MARCH以上の大学にはけっこう来てくれる。日東駒専レベルの大学にもそこそこ来る。一部上場クラスの企業でも、「欠員が出たので二人採りたい」といった話が毎年ある。地方だと、大学数と企業数が限られるので、都市部以上に両者のパイプは強い。

企業さんにお越しいただいた際は、キャリアセンターの職員が積極的に問いかけるべきである。そして、メモでもなんでもいいので、聞きだしたことは記録しておく。これを学内システムでデータ化したらすごい情報源になる……。

だが、こうした細かな情報を共有化しているところはまずない。

就職活動生はキャリアセンターを訪れたら、「最近、なにか面白い求人は来ましたか?」と遠慮なく聞いてみよう。人によって情報の種類や多寡はまちまちなので、折をみては違う職員にも尋ねるといい。個別相談で自分の性格や志向性をわかってもらい、その帰り際に雑談として話しかけるのも悪くない。「来訪企業さんって、どういう職種が多いんですか?」とか。

ただし、みんな忙しいから、人の少ない午前中を狙うのが吉だ。

言いがちセリフその2「みなさんに来てもらいたいと思います」

セリフその1の「どんな方でもいらしてください」とほとんど同じ意味の文章だ。この言いがちセリフに託して私が言いたいのは、「みなさんに」としておきながら、はじめから取る予定のない層がはっきりしている採用も少なからずある現実だ。

読売新聞の「大学の実力　教育力向上の取り組み」調査によると、二〇一一年の春に卒業した大学生のうち、正規雇用での就職率は女子が六六・四%で男子が五七・七%。なんと女子が男子を八・七ポイント上回っていた。読売新聞は、女子のほうが現実的な企業選択をしたからではないか、と解説していた。

なるほどそうかもしれないし、経済成長が止まった状態では男子の就職先が増えるはずがない、というのもある。対して女子の就職先は、男女雇用機会均等法の改正(一九八五年）以降、少しずつだが枠が広がってきている。総合職や営業職でふつうに採用する会社も増えた。その点は理解しておかねばならないだろう。

しかし、一方で女子向けに「一般職」の枠を設けている企業もまだまだ多く、そう明示していなくても「総合職は男しか採らない企業」は珍しくない。ただ法的に問題があるので応募条件に「男子であること」と書けないだけなのである。

企業説明会に行った女子学生が、「うちは採ってないんだよね」と言われて帰ってくることがあるけれど、この段階でこそっと事実を教えてくれる企業は、残念だが、親切だと評価すべきなのかもしれない。下手に「女性差別」をするとネットにすぐ書かれ、総攻撃されかねないので、ふつうは「みなさんに来てもらいたいと思ってます」的なウソをついて、いけしゃあしゃあとしているのだ。

性別以外の「差別」だと「学歴（学校名）差別」がでっかい問題としてあるが、これは次のページに譲ろう。

他では、かつてに比べかなり減ったとはいえ、「在日コリアン差別」がやっぱりある。大学や出版業界、ＩＴ業界などではふつうにキムさんやユンくんが活躍しているけれど、「うちにはいない」と社員が言う企業もまだまだある。

また、何を知りたいのか、意図はいくつかありそうだが、いまだに面接で家族構成や親の職業を聞いてくる中年以上の面接官の話もちらほら耳に入る。若手面接官はそのあたりに敏感なので触れようとしない。

そうしたモロの「差別」とは違うが、留年生に対してはたいていの企業が厳しい。留年をした理由をすごく気にする。

なまけて留年になったケースは論外として、就職留年も風あたりは強い。私が個別相談を受けた就職留年生で志望の会社の内定を取ったという例はない。まあ、常識的に考えてみれば、一通り選考を受けてどこにも引っかからなかった人物に可能性を見つけようだなんて企業があったら、それはおめでたい話である。よっぽど説得力のある留年でなければ、大卒就職活動は一回限りのものであると割り切ったほうがいい。

言いがちセリフその3「いろいろな人に来てもらいたいと思っています」

これも言い方としては、セリフその1、その2と取り替え可能だ。が、人事マンがこのセリフを使ったときは、「ほしい層の中で、いろいろな人に来てもらいたい」と補足して理解したほうがいい。そしてその「ほしい層」は、「入試偏差値の高い大学階層」である場合が実に多い。

本音では、たとえば「早慶の中のいろいろな人に来てもらいたい」なのだが、口が裂けてもそうは言えないので、頭の部分をカットしているのである。

学歴（学校名）差別問題は毎年のように勃発する。

二〇一二年度入社組の就職活動では、キヤノンの新卒採用説明会が「露骨な学歴差別だ」と騒ぎになった。インターネットの予約受付画面に、高偏差値大学の校名を明記した予約枠があった。七月二八日の説明会は、東大、東外大、横国大、早大、慶大、上智大の学生限定。二九日は、早大、慶大、明大、青学大、立教大、中央大の学生対象というふうに。

学歴（入試偏差値）が高い学生ほど、有名企業に入りやすいということは、かねてより社会の「常識」としてある。ただ、ここ十数年ほどだろうか、肩書きよりも実力主義だ、大学名を気にしている企業などもう古い、高偏差値大学を出ても将来が保証される時代ではなくなった、といった「学歴神話の崩壊」を言う声が大きくなり、なかにはそれを真に受けてしまう若者たちも存在している。

大学生の場合、「やっぱり世の中は学歴主義だ」とリアルに知るのが就職活動で、説明会の参加予約で最初に感じることが多い。とはいえ、キヤノンのような「わかりやすい」

例は稀で、「ナビサイトの予約で学歴フィルターがかけられているんだって」といったウワサから現実のミもフタもなさを知っていく。

実際、就職ナビサイトの企業ページに設けられている「先輩の主な出身校」といったコーナーを見れば、たいてい旧帝大と早慶の大学名からはじまっている。デリケートな企業はアイウエオ順にしている。それでも書かれている大学名は有名校が中心となりやすい。

ウワサの「学歴フィルター」については、企業がナビサイトで説明会参加者を大学名でふるいにかけることはできる。同じ企業の説明会に、東大生がアクセスするといつでも「空席あり」だが、下位校の大学生がアクセスすると「もう定員になりました」の表示に、といった具合に。

もっと露骨な現実もある。たとえば、低偏差値の大学が開く学内企業説明会には有名ブランド企業の名が一社もない。キャリアセンターの担当者が、どんなに呼んでも来てくれないのだ。

企業が学校名を気にするのは、大きく二つの理由がある。

一つは、たいていの仕事が複雑化、高度化してきているので、人材に知力を求めているのである。その知力を測るのに、大学入試の偏差値は代理指標として使える。

私も大学受験の勉強結果は、仕事の能力を測る代理指標になりえるなと思うところがある。高偏差値大学にはもともと頭が良かった学生が多いという傾向もあるが、一般的には「やりたくなかった受験勉強を、地道にコツコツやってきた」学生が多いのも事実だ。その意味合いは大きい。もっとも多感な青年期に自己抑制して現実対応していく強さは、理不尽な仕事も多々ある組織の中で武器になるのだ。ま、与えられた作業の意味を疑わずに片づける能力がある、という解釈もできてしまうのだけど。

学校名が就職に関係するもう一つの理由は、社内における人事部の立場の問題だ。

東大生や京大生を採って配属、それで育たなかったら「現場が悪い」と言える。だが、下位校の大学生を採って外してしまった場合、現場から人事が責められる。実はその社員に秘めた実力があって、現場にそれを引き出す教育力がなかったとしても。

大学名を気にするのはブランド企業全般である。歴史の長い企業ほどそうだといえる。金融、インフラ、マスコミもその傾向強し。

逆にあまり気にせず、人あたりの良さを重視しているのは、外食と小売だ。ただし、それなりの規模の企業になると、幹部候補として一定数の高偏差値大学生は確保したがる。また、小売でも一流の百貨店は大学名重視だ。

ＩＴ系はプログラミング能力を軸とした実力主義採用が多かったが、最近はＩＴ知識があった上で法人営業のできる人材が不足しており、大学名を指標にするところが増えた。学生の側から学歴意識を見ると、関東私大ではＭＡＲＣＨから日東駒専の大学層の学生がすごく気にしている。自分が採用枠に入っているのかどうかを確認したいのだ。

右記より下位大学の学生になると、いい意味でも悪い意味でも開き直っており、大学名を過剰に意識はしなくなる。

言いがちセリフその４「就職活動に学校名は関係ありません」

その３に引き続き、同じテーマでいこう。

説明会などでの質問が多かった年でもあるのだろうか。企業によっては、自らわざわざ「就職活動に学校名は関係ありません」と人事マンが言うところがある。学校名より人あたりの良さを重視する先述の企業のような場合でなく、あきらかに「関係しているだろ」という企業であってもだ。

そう言うことによって、自社イメージを良くしよう、説明会の参加者数を増やそう、という意図があることは容易に想像できる。その他であり得るのは、ほんとうに学校名とは関係なく内定を出した学生が（例外的にだが）いたことを、人事マンがつい普遍的な話のように言ってしまったケースである。

私が直接、就職支援で関わった無名校からも、昨年、国内有数の食品メーカーの内定を取ってきた学生がいた。たしかに頭の回転がよく、初対面での印象もいい子なのだが、本人に話を聞いてみると、「面接で高校のことをよく聞かれたんですよ」と言う。その学生が通っていた高等学校の偏差値は七〇近い。たまたま大学入試でそれと見合う力を発揮することがなかったことに、内定を出した面接官は気づいたのかもしれない。

「地頭の良さは、大学名よりも出身高校名でわかる」と喝破する人事マンが稀にいる。けれども、それはちょっとウケを狙いすぎだろう。

ともかく、いくつかの業界や、いくらかの例外的な出会い方を除いては、「就職活動と学校名はかなり強く関係しています」と言わざるを得ない。

この現実の壁に突き当たり、就職活動が滞っている学生を目の前に、私はどう伝えたらいいのだろう。これは就職支援に関わる者が逃げてはいけない大事な課題だ。恥ずかしい話だが、キャリアセンターの職員の少なからずは、「ちゃんと自己分析して、企業研究をして、自分の熱い思いを携えて志望動機を語れば、ちゃんと相手に通じるんだ」といったきれい事で済ましている。先代が言っていたことを引き継いで言っているだけだし、わからない質問が来たときは、キャリアセンターの職員でさえ就職本を読んで、それらしく答えたりしている者もいる。

きれい事ではなく、ミもフタもない現実に追従するだけでもない伝え方。まだまだ改良の余地があるけれど、今の私であればこんな話を学生にするだろう――。

「キミが応募したい企業が採りたい学生って、どんなことができる人か考えてみようか。話ができない人よりかは、できる人だろうね。物事を深く考えられない人よりかは、しっかり考えられる人だろう。そういう意味で勉強ができないよりかは、できる人に目を向けるだろうね。入社後に社内外の資格試験もいろいろあるみたいだしね。

そう考えてみたときに、キミはどうなのか。少し冷静に自分の立ち位置を振り返ってみることが求められていると私は思う。

たとえば、キミは大学受験をどの程度がんばっただろうか。がんばれなかった。ならば、がんばって結果を出した人と、がんばれずに結果を出せなかったキミとで、同じ就職のチャンスがあるものだろうか。

大学名を気にしない企業もなくはないけど、やっぱりがんばった経験のはっきりしている人が評価されるのはふつうというか、そうでなければ、がんばった人がバカをみる世の中になる。世の中には納得しがたいことがいっぱいあるけれども、この件に関しては意外にまともだと私は思っている。

だからキミに未来がない、と言うつもりはまったくない。けれども、がんばった過去のある人とまったく同じ土俵で闘えると思っていたら、それはわがままかもしれない。もしキミが大学の勉強でもそんなにがんばったことがない、あるいはたいした努力をしてこなかったならば、余計にそう言える。

まずはそんなキミを受け入れてみたらいいんじゃないかな。そうしたら、これまで視野に入ってなかったところも志望企業に見えてくるかもしれないし、面接での志望動機でもウソをつかなくて済むようになるんじゃないかな。

あとは、その悔しさをバネに、今度はキミが入社後がんばる番だよね」

言いがちセリフその5「ありのままの自分を出してくださいね」

面接前に人事マンがよく口にするセリフだ。

作った自分でなくふだんのあなたを見せてくださいね、という本音ではあるんだけど、驚くかな、これを文字通りに受け取ってしまう学生がいる。ありのまま、ふだんの自分、ならば面接に向けてなにも準備しなくてもいい、と決めこむ勘違いだ。

社会人の「ありのまま」は大学生の日常とは違う。「ありのままの自分を出してくださいね」は、新入社員として迎え入れるにあたって、あなたらしい自己紹介をしてください、という意味であり、間抜けな姿で笑わせてくれ、とはまったく違う。

当然なのに、就職活動でテンションがおかしくなると、ありのままの失敗談とか、敬語が適当なふだんの自分とかを披露してきてしまう学生が必ず出てくるのだ。

面接前の準備は必要不可欠。赴く企業の研究はできる限りしておきたいし、自己PRや志望動機などでロジカルに話す訓練は忘れないでほしい。

準備に準備を重ね、がちがちに理論武装してしまうと自分らしさを出せないまま失敗するが、なんの準備もなしで面接に臨んだらまず落ちる。まともな企業の面接なら、その程度には社会人の卵としてのあなたを期待する。くれぐれも勘違いのないように。

また、「ありのままの自分~」と似た面接前のセリフに、「当日は自由な服装でおこしください」というのもある。よっぽどファンキーか、アーティスティックな業種の企業でない限り、穴の開いたジーンズで行ったらやっぱり落とされる。ズボンの腰穿きは論外だろう。

節電の夏ということで、ビジネス界にも超クールビズの勧めというのがあった。そこでさっそく話題になっていたのは、ポロシャツは許されるかどうかというポイントだった。チノパンはセーフだが、ジーパンはアウトという職場の声が多かった記憶もある。

そのくらいに、社会人の「自由な服装」は不自由なのだ。是非は入社してから問えばいい。就職活動では、いわゆるリクルートスーツで出かければいい。

言いがちセリフその6「出る杭を求めています！」

出る杭は打たれる、のではなく、求められる？

「求めています！」と毎年言っている企業もあるけれど、出る杭タイプで希望の内定を取った学生を私は見たことがない。ということについては、学生の間でも常識になっているようで、説明会で「うちは出る杭人間が活躍できる会社です！」とか人事マンが語りだすと、客席の間にしらけた空気が漂うものだ。

でも、「自由な服装」と同じで、たまにセリフを真に受けて、自分の変人ぶりや、俺様ぶりをここぞとアピールしてしまう勘違い学生もいるので、ご注意を。

企業がいう「出る杭」とは、行動に移せる「意欲」の高さを指している。

ただ、企業の社員として採用する枠内の「杭」の出方は、キャンパス内で三十センチぶんだったら、面接では三センチくらいだと考えてほしい。「出てるの気づかれないじゃん」と思うくらいの「杭」でちょうどいい。

では、なぜ人事マンは毎年飽きずに「出る杭を求めています！」と言うのか。

「平均的に優秀なあなたを求めています！」だと保守的な企業だと思われかねないから、かもしれない。実際の面接では、平均的というか、みんなどこかで聞いたようなことばかりを言ってあくびが出るから、取る気はないけどアクセントに変わった学生にも来てもらいたいのかもしれない（？）。

ま、それは悪い冗談としても、毎年、日本の企業の採用数が減少しているのは事実だ。大企業が三桁の内定者を出す場合は、一人二人の「本当に出る杭」を取る余裕もあるだろう。が、二桁しか取れなくなった場合、そりゃあリスクを避けるだろう。

イノベーションを起こす時代だ、大胆な発想が八方ふさがりの状況を打ち破るのだ。と、ビジネス界では盛んに議論されているが、同時によく見聞きするのが「ガバナンス（企業統治）の時代だ」「コスト意識を持って」というフレーズである。

出る杭タイプの生息域が広がったとは、私個人も思えない。

言いがちセリフその7「オレも学生時代は勉強してなくて」その他

フレンドリー化した若手人事マンが言いがちなセリフだ。

しかし、前述したように、若手の人事部配属はエリートコースだ。ことさら、新卒採用の仕切り役を任された人事マンは、人あたりがいいだけじゃなくて、できるやつ。出身大学の平均偏差値がもし出せたら、かなりの高さになるだろう。

大学でロクに勉強をしなかった学生の不安を察知して、「オレも大学の勉強なんかしなかったよ」と微笑む人事マンに慰められたらいけない。彼ら彼女らは、けっこう人知れず勉強もしていたタイプか、もともと勉強ができたタイプである可能性が高いのだから。

他、キャリアセンターの職員も言いがちな面接関係のセリフをふたつ。

「会って数秒で人はわかる」

だったら、面接じゃなくて、顔見せで十分では。キャリアセンター曰く「わかるから、身だしなみは大切にしましょう」。えっ、内面は外見でごまかせるってこと?

「最終的に、面接は相性です」

昔は、「お見合いのようなものです」と言っていた。ま、事実そういう面はあるし、なにより落ちたときの学生の慰めになった。でも、二十回、三十回と連続して「相性」で断られるのが当たり前の時代においては、自分の性格に難があるかのごとく聞こえる残酷なセリフだ。

学生支援をしたがる近ごろの人事

もしかすると、若者の世話が好きな大人自体がけっこういる、ということかもしれない。それが若者受難の時代となって顕在化したのだろうか。理由は推測の域を出ないのだが、このところ就職活動中の学生支援をしたがる人事マンにしばしば出会う。

企業に正規の籍を置きながら、ボランティアサークル的に面接のハウツーを教えたり、模擬面接の場を設けたりする人事マンたち。その過程で学生が育っていくことを喜びとしているらしい。良かれと思って「行き過ぎた適応主義」を植えつけられたらたまらんし、せっかく支援してくれるなら面接対策じゃなくて、その先の社会人経験を語ってほしい。

一方、元人事マンが開いた営利の就活塾みたいなものも増えている。典型的なのは入塾テストを課し、優秀な学生だけを抱え、華々しい内定率を出し、そこからビジネスを展開するスタイル。「通ったほうがいいですか?」と学生の相談を受けることがぽつぽつある。「うさんくさいの一言!」と切って捨てたいが、立場上、それは難しい。「そうだなあ、カリキュラムの内容をよく確かめ、うちの大学の無料講座と比べて十五万円近くを払う価値があるかどうかの判断だなあ」と困り顔を見せるにとどめている。

第3章

就職活動生はこう見られている

1 学力低下批判の乗り越え方

大学生の学力が低下していることを示すデータはいろいろある。学生と直接接していて、昔より能力が落ちているなあと思わざるをえない場面もしょっちゅうある。信じられないかもしれないが、「しゅうしょくかつどうでりれきしょをていしゅつする」の傍線部を漢字で書けない学生と毎年出会う。

なぜそうなってしまったのか。質というハードルを下げて大学生を増やしすぎてしまったからだが、他のこまかな理由も大学教育の改善のために調査・研究する必要はある。ただ、大学教員と大学職員が大学生の学力低下をためらいなく嘆いてはいけない。大学教員と大学職員が失職しないために大学生を増やした側面だって相当あるのだから、むしろ後ろめたく思わねばおかしいのだ。

ここでは大学生の学力低下と就職活動の困難について述べる。そしてその困難の乗り越え方を、当の学生に向けて、いくつか提案させてもらう。

受験経験者は採用試験でも有利だ

大学受験と採用試験はまるで違うものである。前者は正解がはっきりしているが、後者は評価基準があいまいだ。正解がどこにあるのかわからない世界でいきなり不合格通知をくらった就職活動生は、そこで人格否定されたかのような挫折を覚えてしまう。といった就職活動の捉え方がいまでも就職論の基調だ。

一面の真実は表している。勉強がよくできて、挫折の経験もなく、順風満帆の学生生活を送ってきた者に限ってなら、たしかに採用試験、特に面接は不条理の塊みたいなものだ。就職論を語るような大人はたいてい高偏差値大学の出身者なので、採用試験の理不尽さを強調してしまいがちなのだろう。

しかしだ。

言うまでもなく、そんな高偏差値大学に通う学生は全体の一握りであり、大半の大学生は勉強嫌いの小中高校生だったはずである。それでも最近は、一般入試を経ないで大学に入れてしまう。ＡＯ枠や推薦枠などの拡大で、ろくに勉強をした記憶がない有名大学生もふつうに存在している。大都市圏では中高一貫校が増えているので、高校受験すら経験していないケースが珍しくない。

▶**図表H**　大学受験と採用試験の比較

	大学受験	採用試験
情報発信	HP、パンフ、説明会、オープンキャンパス	HP、ナビサイト、パンフ、OB・OG訪問、説明会、インターンシップ、求人票
出願・応募	数校の複数出願は一般的。AO専願の場合は熱意をアピールできるが、リスクは大きい。	数十社の応募は一般的。公務員専願の学生はいるが、民間企業の応募が制限されるわけではない。
提出書類	一般入試の出願書類は、記入ミスさえなければいい。	エントリシートでは、誤字脱字、事実誤認、論理矛盾などがチェックされる。
筆記試験	指定の範囲から得意科目を選択。難関大学の入試は昔と同じ、1点差に笑うか泣くかの厳しさだ。ほとんどの受験生が予備校を利用。	企業ごとに実施といってもSPIなどの既製品を使用。主として国語と数学の基礎能力テストに性格検査。対策本で準備をしておく必要あり。
面接	AO、推薦、一部の一般入試で実施。基本は1回で、入学意思の確認を主目的とする。	すべての採用試験で実施。3～8回と企業やケースによって回数が違う。自社の都合に適した人物かどうかみる。

そういう大学生にとっての採用試験は、不条理な面接以前に筆記試験などの選考が壁だ。入試偏差値が高くない大学に一般入試で入った大学生にも同じ壁がある。

大学受験と採用試験はかなり似ている。

逆に、そう考えたほうがいい。

両者の比較を表にしてみたので、ご覧いただきたい（図表H）。

総じていうと、各段階における強弱の違いはあれ、意外にやっていることが近い。だから大学受験を真剣にやった学生は採用試験でも有利だし、大学受験で躓《つまず》いた、もしくは受験をしたことのない学生には不利なのだ。就職活動でクリアしなければいけない課題に対する準備の仕方が、前者はパッと浮かび、後者はわかりにくいだろうと思われる。

以下、人数がずっと多い後者に向けて、各段階での課題内容と準備の仕方をひとつひとつ説明していこう（「面接」はここで扱わない）。

まず図表Hの一番上にある「情報発信」について。

大学や企業が自身の情報を発信する方法では、企業の採用試験のほうにナビサイトへの求人広告掲載と各大学への求人票送付という新旧特有のやり方があるくらいの違いだ。

これらの情報は就職活動生が会社選びや企業研究で使うわけだが、受験生が大学情報を大学選びの参考にするよりも比重は大きい。大学選びでは入試偏差値という大指標が勝手に受験先を絞ってくれるが、入社試験に偏差値があるはずもなく、膨大な情報から自分で応募先を決めていくしかないのである。

その段で早くも、企業が発信する情報の収集、整理、比較、真偽の判別などの力を試される。つまり情報処理能力が問われるのだ。

分厚い教科書や参考書に書かれている内容を、いかに効率よくさばいて、頭の中に入れていくか。そして、問題に合わせて応用していくという、高度なアウトプットができるか。そういう意味では、大学受験も一種の情報処理能力試験だといえる。

どちらも情報処理能力が決め手となるため、受験勉強が得意だった学生のほうが、会社選びや企業研究をうまくこなしていくのだ。

四割は誤記で書類選考落ちしている

「出願・応募」については図表内の説明に尽きるが、採用試験のほうが大学受験より一桁多い数の相手をする点は甘くみないほうがいい。受ける側の気力、体力が試されるし、複雑に重なり合う選考日時のスケジュール調整能力も問われる。

志望先への「提出書類」の記入でミスが許されないのは、大学受験も採用試験も同様だ。ただし、採用試験はこの提出書類自体が選考対象になる。そして、ここで落とされる就職活動生が四割はいるとも聞く。

エントリーシートにしても履歴書にしても、誤字脱字や商品名間違いといった単純ミスがとても多い。就職活動生は短期間で大量の書類を作成しなければならないため、集中力が持続しないのだろう。書き終えたら達成感と一緒に投函してはいけない。一晩寝かせて読み返す、他人にチェックしてもらうなど、手間をかける対策が必要である。

また、文章力の低下はしばしば指摘されるとおりだ。

志望動機が日本語になっていないケースも少なくない。大学入試で小論文を課すところは昔より多いはずだが、キャリア教育の授業などで小レポートを書いてもらっても、誰に何を伝えたい文章なのかわからないものがたくさんある。論理的思考ができている文章も少ない。小学生の感想文みたいなレポートが出てきても、私はもう驚かない。

けれども、そのままの文章力で受け入れてくれるほど企業は甘くない。特に事務職に就けば、ビジネス文書は毎日のように作成しなければならない。営業職だって外回りから帰ってくれば書類作りが日課だ。肉体労働系の仕事であっても、上司に的確なホウレンソウ

（報告・連絡・相談）ができなければ使えない。ちょっとした伝言メモを残すにも、意味不明ではみんなが困る。

それゆえ企業は就職活動生の文章力を気にするのだ。英語力の前に必要不可欠なのは日本語の文章力なのである。

が、これはどのように力をつけていけばいいのだろうか。

大学の中には日本語文章講座を単位化して開いているところがある。シラバスをめくって、それらしきがあったら受講してみるといい。論・作文を課題にしている授業や、調査研究の基礎を学ぶ授業も役立つはずである。

でも、文章力って、ふだんの生活の中で少しずつ高めていくのが本道なんじゃないかな、と私は思っている。

幸いなことに大学生はほぼ毎日、授業を受けている。その中で小レポートを書かされることがよくある。あるいは、出欠取りのかわりで授業後にリアクションペーパーを提出させる教員も多い。

こうした小レポートやリアクションペーパーを意識的に利用すれば、日々の文章訓練になると思うのだ。

授業で教員が話した大量の情報を、ぎゅっと圧縮してまとめる。要旨とそれに対する自分の考えを簡潔に文章化する。字もていねいに書く。

いいリアクションをしてくれる学生は教員の目にとまりやすいから、成績もアップして一石二鳥かもしれない。なにより毎回短時間で他人に読んでもらうためのペーパーを書き続ければ、半年後、一年後には間違いなく文章力が身についている。白い書類を前にひるまない自信がつく。

文章力に不安のある大学生読者は、これを読んだ今日から、是非試してもらいたい文章訓練法だ。

SPIごときで足きりされるな!

「筆記試験」は、大学受験では本番だ。一般入試の場合、ほぼこの点数だけで合否が決まる。

対して、採用試験の筆記試験は、本番である面接前の準備体操くらいに軽く考えている学生もいるだろう。たしかに、公務員になりたい場合や、資格職を目指す場合ではない民間企業の採用で、筆記試験は基本的に足きりの機能を果たしてきた。

しかし、応募者数の膨れあがった今日では、足きりの水準があがっている。基礎学力のない学生をごそっと落とすために実施されている。

高校レベルの国語と数学の基礎能力テストと性格検査からなるSPI。サービス産業のうち人の集まらない一部の業界や企業を除けば、ほとんどがこのテストで筆記試験を行っている。対策は、それこそSPIの対策本が書店でいろいろ売られているから、相性のよさそうな一冊を買ってきて一通り勉強しておくことだ。

大学受験のように模試による偏差値がないので、他人との比較をしないで済み、ついつい甘えてさぼる学生が多いのだが、ここで対策を怠ると痛い目にあう。そこそこ自信のある学生でも、まったく何もしなければあっさり落とされると思っておくべきだ。

筆記試験の結果は、大学受験を真剣に取り組んだ学生とそうでない学生とで顕著《けんちょ》な違いが表れやすい。勉強を避けてきた学生は、「自己分析」や「企業研究」を隠れ蓑にして、なかなか筆記試験の準備をしない。勉強が嫌いというよりは、勉強の仕方がわからないのだ。

おもしろい勉強とは言いがたい。が、おもしろくなくてもやらなくてはならない就職活動の典型例が、このSPI対策だ。計画的に少しずつ片づけてほしい。

大学の単位化された授業でSPI対策をしている教員がたまにいるけれど、それは大学教育の範囲を外れていると思う。けれども就職困難校では、そんな授業も取り入れて対応しないとどうしようもない、という現実がある。必修化して強制的にやらせるほかの手段がないのだ。

ある短大で就職の個別相談を受けていたときのことだ。

その女子短大生は、「筆記試験のある企業なんか受けたくない。受けてもどうせ落ちる」と言った。で、どんなところを受けるのか聞いたら、「人事の人が気さくだったパチンコチェーンの会社を受ける」とのこと。パチンコはうるさいから好きではないし、仕事にも興味はないが、それでも構わないらしい。

実にもったいない話だった。なぜかといえば、その学生は個別相談でもすごくいい感じだったのだ。国文学の専攻で、小説も書いている。だからか、自分の考えをまとめて人に伝える能力があった。それが、大学入試でちょっと躓いたばかりに試験の苦手意識が彼女を縛り、そういう就職の選択となる。SPIくらい大丈夫だよ、と説得したが聞いてもらえなかった。返す返すもったいない話だ。

ちなみにSPIで職業能力は測れるのだろうか？

残念ながら、採用時の評価と入社後の評価やパフォーマンスの相関性は、私にはわからない。国語能力など仕事でも高いに越したことはないだろうが、どの程度の高さが必要なのかはブラックボックスの中だ。

それでも、筆記試験は足きりのために実施される。満点を目指す必要はないが、ナメて対策を怠っては次に進めない。とにかく対策本を一冊やっておけ。

性格検査でいい結果を出す方法

SPIにもくっついているし、さまざまな種類がある性格検査は、なぜたいていの企業が実施しているのか。

面接で人を見抜く自信がないからなんじゃないの、と憎まれ口を叩きたくなるのだけど、それだけ他人の性格を把握することが難しいのは間違いない。

性格検査は択一式の質問で、その人の社交性や決断力などを判断していくものである。基本的に自分を過大評価する傾向のある人は良い結果が出やすく、自分をネガティブに、あるいは謙虚に捉える傾向のある人は悪い（あるいは消極的な）結果が出やすい。

そしてまた、検査の直近の体験が大きく結果に影響する。

数日前に、スポーツ大会で優勝した、合コンがうまくいった、アルバイト先で褒められた、そんな体験があった人はポジティブに回答していくものだ。なにもいいことが長いことない人だと、ネガティブな選択肢に○をつけてしまう。

だったら、ひたすらポジティブな選択肢に○をつければいいか。それはノーだ。

虚言癖のある人ばかりハイスコアが出ては困るので、性格検査の質問の中にはライスケール（嘘つきチェック）を混ぜている。ただ、これがあまり効かない。

「あなたはこれまでの人生の中で一回も風邪を引いたことがない」とか「一回も他人を傷つけたことがない」とか、極端な質問が多いため、心理学の知識がまったくない受検者にもすぐバレてしまう。

そこで、最近増えてきたのが行動パターンから人物を見ていくものだ。例えば、「突然、先生から無理な課題を与えられた場合、あなたはどうしますか？　A、まずはやってみる。B、じっくり考えてからやってみる」といった感じだ。こうした質問には、あるべき論で回答できないため、学生の特性がつかみやすいと考えられている。

ただし、これらで応募者の性格を知るには検査結果を読む側の力量がすごく問われる。受検する就職活動生にはこうアドバイスしておこう。

人事の中には、あまり心理検査に対する基礎知識がないせいか、性格検査の結果を鵜呑みにしている企業がけっこうある。だから、度を越したポジティブ回答はいけないけれど、検査を受ける際はちょっと元気なときの自分像を意識してみよう。

いつもより少しでもいいから、意欲的で社交的だったときの自分を思い出しながら答えるのだ。誰かと比較した自分像を思い浮かべるのは、極端な答えが出やすくなってしまうのでダメ。あくまで自分が主観的に自分を見た場合の姿を、ちょっと元気なときバージョンで思い浮かべるのがコツだ。

この性格検査で落とされたなと思ったときは、自分で自分にダメ出しをしている可能性がある。就職活動中の学生は、成功体験が少ないゆえに自信を持てず、ネガティブ回答をしてしまいがちだ。なんでも構わないからアクティブに動いてみて、「自分もなかなかやるじゃないか」と少し図に乗るくらいがいい。

性格検査の前日に、仲間から自分のいいところだけを、挙げまくってもらう作戦もあるかもしれない。

そして、そのぐらいのことで結果が変わってしまうような検査なのだから、たとえ落ちても自分を責め立てる必要はないと考えよう。

最近はベネッセが独自のテスト（採点こみ）を、たとえば一受検者あたり三千五百円で、キャリアセンターに積極的な売りこみをかけている。キャリア形成支援の教材としてこれを使用している大学もちらほらあるようだ。

グローバル時代に必要な頭の使い方は?

これからの就職活動生にとって、ライバルは同偏差値レベルの大学生ではなく、中国をはじめとする新興国や発展途上国の学生だという説がある。

いわゆるグローバル人材採用の話題だ。楽天やファーストリテイリングなど、英語を社内公用語にして、外国人の積極採用を図ろうという会社もある。

日本人同士だけでも、こんなに忙しない競争を強いられている就職活動なのに、ハングリー精神の塊のような外国人とも競う時代がきたのか、と頭を抱える読者もいるだろう。

が、実際はまだ多くの企業が暗中模索の状態だ。外国人の雇用は、推進論者が言うほど容易ではなく、定着率の低さと格闘しているケースばかりとも聞く。十年単位で先がどうなるか考えると楽観できないが、いまのところマスコミが過剰に「日本人の危機」を煽っている節もあるので、やたらに怖がる必要はない。

しかし、日本の大学に通う日本人学生の就職相談をたくさん受けてきた者として思うところはある。私は海外から日本の大学に来た留学生の就職活動も見てきている。

彼らは基本的に貪欲だ。どんな仕事でも自分の将来を広げる可能性を感じたら食いつく。

対して、日本の学生は福利厚生の充実ぶりなどを気にしてがむしゃらさがない。育った環境がまったく違うので仕方ないのだけれど、はたして両者を経営者が比較したときにどう思うか。どちらがお得で、どちらに育てがいを感じるものだろうか。

一九八〇年代からずっとそうだとも言えるが、いまの学生は一所懸命になることを格好が悪いと感じたりしている。こんなに国の経済状態が良くないのだから、結婚して子供ができて会社が倒産でもしたらそれどころじゃいられない。生きるため、自分が持っている何を捨てて、何を守るか。そこがシビアに問われてくる。

学生にこういう話をしても、わかってもらいにくいことは承知している。でも、がむしゃらに食いついてくる海外の学生は、自分の将来を広げる可能性に対して貪欲に動いているのだと理解してほしい。キミたちよりも長い目で働くことについて考えているのだ。

「どんな場所でもやっていける、食っていける自分になる」

私はずっこけたり、落ちこぼれたりの学生だった。勉強は決して得意じゃなかった。だからか、「どんな場所でも～」と思い続けて現在に至る。この本で、上位大学よりも下位大学の学生により口うるさくなっている部分がある。それはがむしゃらな海外の学生に共感するような、泥臭く生きてきた人間のエールであるとご了解いただきたい。

2 素直なのか幼稚すぎるのか

総勢何人の学生の就職相談に乗ってきて、何人の就職活動を観察してきたのか、カウントをしてこなかったのでわからない。

いろいろな学生がいたことは当然だ。

時代状況の変化と共に学生像が変わってきたことも当たり前だ。

ただ、従来は「例外」のうちだった、最低限の常識に欠けた学生が増えている状況には、多少なりとも良識のあるキャリアセンター職員であれば、みんな危機感を覚えている。

我々をいつも困らせ、疲弊させてくれる学生さんたちよ。キミたちの言動がキャリアセンターの中からどのように見えているのか知ってくれ。

そして社会に出る前に、修正すべきはそうしてくれ。

キミはいつでもお客様ではない！

第2章で企業説明会がどんどんスマート化し、就職活動生を「お客様」扱いするようになってきている状況を説明した。

そこでは企業の採用活動の悪しき潮流として批判したのだが、実のところ大学生は就職活動と無関係に、自分は「お客様」扱いされて当然と思っている者が珍しくない。

大学生のお客様化はいまに始まった話ではない。ゆとり教育世代が入ってきてからだ、という論者もいる。私には理由がよくわからない。

ただ、今日もキャンパス内のあちこちから、高い授業料を払った側の当然の権利として、つまらない授業の文句を言う学生たちの声が聞こえてくる。提出期限すぎのレポートを手にして廊下で教員にいつまでもごねている学生の姿も目に入る。

キャリアセンターの中にいてもさまざまな「お客様」の言動が気になる。

クレームは日常茶飯だ。

やれ、個別相談の順番がなかなか回ってこない（これはたしかに待たせすぎのときが多く、文句が出ても仕方ない）、やれ、××さんの指導は高圧的で椅子の座り方も横柄な感じだ（年配の職員が言われやすい。熱心な助言が「怖い」と受け取られる）、やれ、就活イベントが満席で入れない、なぜ定員の少ない部屋でやるのか説明してくれ（大規模大学ほど人口過密で何をするにしても「箱」の取り合いになることが多いから、です）……。

まあ、それぞれに一言ぼやきたくなる気持ちはわからないでもないのだが、キャリアセンター内のカウンターにツカツカと一人でやってきて、いかにもそちらが不手際を謝罪しないと気がすみません、みたいな勢いで口を尖らせている学生を見ると、大丈夫かなあ、と心配になる。

彼ら彼女らは高い授業料云々とは別に、大学という学校空間で教員や職員に教えてもらう立場であることをいまひとつ理解していない。キャンパスの内側と外側の境界線の意識が薄いから、コンビニやファミレスや居酒屋の客としているときとの区別があまりできていない。お金さえ払えば誰でも（表面的には）同じサービスを受けられる消費社会以外の世界もあることが、どうやらわかっていないようなのだ。

こうしたお客様傾向には濃淡があり、もちろん、多くの学生はシチュエーションごとに使い分ける顔をいくつか持っている。これは社会的人格として健全なあり方だ。ところが、顔がひとつしかないのか、使い分けができないのか、ごく一部の、というにはもう少し多めの学生層が危ういのである。キャリアセンターに学生用ではなく来客者用の入り口から平然と入ってきて、その何がいけないのかわからない学生、職員に書類のコピーを当然のごとく頼んで自分はお茶を飲んでいる学生、などなどだ。

この層が就職活動の面接段階で非常に落とされやすく、内定なし、となりやすい。運よく内定が取れて入社しても、じきにもめごとを起こして辞めてしまいやすいのである。

そうなってしまうのは、ある意味、自然だ。就職するということは、営利の民間企業であれ、非営利の役所であれ、サービスされる側からサービスする側にまわることである。接客や売込みのない職種に就いたとしても、上司には頭をさげる、組織には忠誠を誓う、つまらなくても職務はこなす、それが雇われて生きる最低条件である。

態度だけでも下っ端になる。できなきゃ、組織に居づらいだろう。自分で自分を変えられなきゃ、辞めたほうが楽だろう。

自校出身の大学職員は後輩である学生に甘い人が多く、社会の掟を教える役のキャリアセンター職員もクレーム学生を見て、「心根はいい子なんだけどね」で終わらせてしまう。他大学や中途で入ってきた外様の職員は客観的に見えるので、「いやあ、あれじゃ、厳しいよね」と呆れる。どちらにしても、「間違ってるぞ、キミ!」と叱ってやらない。

社会に出る前に、変わるきっかけを与えてやらなければいけない。大きなことは言えないけれど、私は自分の領分でこうしている。

彼ら彼女らは質問魔だ。

個人面談でも、何かにつけて「わからない」と言い、「どうしてですか？」と答え（商品）を求めてくる。私はストレートに答えてあげない。

そのかわりに、「なんで筆記をやるのか？　なんで面接を何回もするのか？　自分で答えを考えてみようよ」と言う。「人事担当者なら、どう考える？　どんな人を求める？　どういうふうにそのことを学生に伝える？」と逆質問をしてあげる。

忙しいキャリアセンターも午前中と雨の日は空いている。たっぷり質問されたかったら、雨の午前中にお越しください、お客様。

それを大人社会は個性とみなさない！

人事マンの言いがちセリフ「ありのままの自分を出してくださいね」や「出る杭を求めています！」あたりと重なるのだが、「個性あふれる人材集団です」というのも昔から社風紹介でよく使われるフレーズだ。

でも、そういう社風の企業の面接であっても、ぞんぶんに個性を発揮して受かった学生は見たことがない。

バンド活動で本気のプロを目指していました、映画を撮り続けて三回留年しました、なにもやりたいことがないので一年半寝てばかりいました、といった系統はみんな落とされている。本当の話でも、ウケ狙いのネタでも落選だ。

逆に、学生たちはダメじゃないかと思っているほうが多い留学だが、これはそれなりに評価される。ただし、就職活動期の前に帰国していないと、バタバタしてしまい自爆しがちだ。また、バックパッカーも一年間休学して世界一周してきた、程度で済んでいればけっこう面白がって話を聞いてくれる。ただし、ネタ作りのために数週間した貧乏旅行をおおげさに語るとマイナス評価だ。

要は、変人の部類や相手をナメた態度はダメ。オヤジ社会が肯定できる範囲内での、ちょっと変わったアクティブな個性的体験は良し。昔のバックパッカーは煙たがられた。いま評価されるのは、当時、バックパッカーに憧れていた層が企業の管理職になっているからか。海外にあまり興味を示さなくなったとされる若者なのに頼もしいじゃないか、と思われるからか。

面接合否の真相はいつも闇の中だが、留年を重ねるまで何かにハマってしまった場合は、肯定の範囲外として落とされる。ウルトラマイナーな趣味に没頭しました系も、面接官がたまたま同じ人種でもない限り落とされる。

オヤジ社会にキミの個性を合わせろ、とは言いたくないが、実際の面接選考がそうなっていることは知っておいてほしい。それでも誇りに思える趣味なら、他人の関心を惹く語り方を考えてくれ。

それと面接を受ける際のファッションについても触れておこう。

はっきり言って大学のランクが下がるほど増えるケースなのだが、「これは彼氏と別れない印だから外せません」と薬指の指輪をつけたままでいることにこだわる学生がけっこういるのだ。このピアスは取らないとか、男女の別なく一定数いる。で、面接官の理解の範囲外として落選理由になる。

就職活動自体は一所懸命やっているし、正社員入社を強く願っているのだが、指輪やピアスを外してまで就活することに「罪悪感がすごくある」と言う。なんだか、未就学児のこだわりみたいだ。大学生の幼児化か。彼ら彼女らの世界はあまりにも狭い。

似た話に茶髪問答がある。就職活動前の大学生が、「なんで黒くしなければならないのですか?」と聞いてくるのだ。反発でなくて、純粋に訳を知りたがる。自分で考えなさい、

と突き放したいところだが、このケースは前述の質問魔とは違う。だから私は、

「髪の毛の色がキミのすべてを表すわけではないが、仕事をするときにキミの個性を認めてくれる人もくれない人もいる。特定の人がOKで特定の人がNGというときに、不特定多数を相手に何かを提供する側の者としてどうなのかね？」

と、ていねいに答える。これでたいてい納得する。昔のツッパリと違って素直なやっちゃなあと、肩透かしをくらった気分にもなる。

就職困難校でときどき出てくるのは、ストライプのスーツを買ってきてしまうやつ。本人としては一張羅《いっちょうら》を着こんだ気持ちだ。髪の色問題のような答えでは通じないので困る。そのへんのノリでは、企業説明会でカバンを背中越しにぶらさげて歩いてしまうのがいる。人事マンが見ていて、「おたくの学生は硬派ですネ」などと皮肉を言ってくる。

違うベクトルでは、ボタンを押すとアニメキャラが飛び出してくるような時計をして面接に挑む男女もいる。なにかのオタクらしい。これは面接官が固まる。

指輪の話以降のケースは、当人が自分のやっていることをヘンだと思っていない。社会学が前から指摘していたが、それだけ若者文化の細分化が進み、キャンパスの中でも同じ文化を共有できる小さな集団ばかりで動いているため、異なる文化の人の視線が気になら

ない、わからないということなのだろう。

それは正義感を発揮するポイントじゃない！

いまの就職活動生は縁故採用を嫌う。縁故採用というのは、血縁つながりだけでなく、それこそ何らかの縁で自分を気に入ってくれた大人の推薦による採用も含まれる。

なぜ縁故採用がＮＧなのか。

理由は前述の指輪と少し似ており、仲間がみんな就活で苦労しているのに自分だけ脇道を通って内定を取るのは不正みたいな感じがする、というものだ。ある種の正義感が過敏に働くのだ。

就職活動中に縁故の話が転がりこんできて、「どうしたらいいでしょう」とキャリアセンターまで相談しに来る学生はちょくちょくいる。不正とは違うことを説明しても、「入ってから苦労しますよね」「あとあと嫌な思いをするんじゃないか」と妙に悩む。

理解に苦しむのは、自分の能力が引き寄せた縁故で悩む学生である。たとえば、アルバイトで接客したお客さんが、「いい子だな」と思って人事に働きかけた。このパターンで悩む学生は多い。ゴルフ場で受付をしていて、その働きぶりが気に入った経営者から声をかけられた。そんなラッキーケースでも悩む。個別相談で泣いてしまう。

バイト姿が評価されたのだから自慢してもいいくらいなのに、そう思わない、そう思えない。困った意味でマジメ、普通じゃない事態に腰が引ける。そんな大学生が男女を問わずかなりいる。

縁故を「コネ」と読んで、そこに黒っぽいイメージを重ねてきた世間のほうにも問題があるのかもしれない。「あの子はコネだから」「そうだと思ったよ」という職場での会話の中に、プラスの要素は見つけづらい。

政治家がらみのコネとか、世間を知らない医者が我が子をおしこむコネ、コネやカネを使った地方公務員就職は、私もいかがなものかと首をかしげる。でも、経営者である親が修業として取引先企業に子供を預ける、といった場合などは、もっと積極的に親の判断を評価してもいいのではないか。

無名大学から銀行に入行した若者がいたら、十中八九は顧客企業の社長の子供だ。地方テレビ局にコネなしで入るのは極めて難しい。他にも血縁つながりで、べつに修業の意図もなく、コネ入社をしたサラリーマンはあちこちにいる。ただ表ざたにしないよう本人もまわりも気を遣うので、見分けがつきにくいだけだ。

もともと日本で縁故は悪じゃなかったなんて話もある。

たとえば、江戸幕府に大奥の世界があった。そこで出世していく方法は三つあった。一引き（縁故、推薦）、二運（たまたま上にあの人がいたから）、三器量（見た目）。縁故があることは喜ばしい話であり、それを使わない手はなかったのである。

近代、現代と時代が進んだって、少し前までは親や親族が子供の職の世話をすることは普通だった。初期キャリアは安定したほうがいい。子供のまわりの大人がその協力をする慣習は、就職活動のサブシステムとして大事にするべきだ。

私が見てきた中で、縁故入社した若者のその後は意外に悪くない。

外見も内面も地味で、勉強も不得意な男子学生がいた。コツコツと頑張るタイプではあるのでどこかに入れることはできないかと、いろいろな会社に打診したことがある。だが、なかなかいい返事がもらえず、最終的には親のコネで中堅素材メーカーに就職した。

その学生も「仕事でついていける気がしません」と悩んでいた。入社後、数カ月経ってから、企業開拓がてら中堅素材メーカーを訪れてみた。彼が働いていたのは、総勢二十人くらいの総務的な部署だった。

「こんにちは」とドアを開けた瞬間の光景が忘れられない。中休みの時間だったのだが、外見も内面も地味だったはずの彼が座の中心になって、お菓子を食べながらワイワイやっている。確実に明るい青年に生まれ変わっている。

平均年齢の高い部署で、おじちゃん、おばちゃんたちに「いい子を寄こしていただいて」とかわいがられていたのだ。彼のコツコツ頑張る姿勢が評価された。仕事でもすでに大事な戦力となっている、とのことだった。

まだ日本には若い人の面倒見を喜んでする中高年の慣習が残っているんだな、と嬉しかった。就職活動生は、会社の入り方の問題を云々するより、入ってからどう取り組むか、自分のチャームポイントをどう活かせばいいか、に頭を悩ませればいいのだ。

個別相談はメンタル格闘技だ

素直であると同時に幼稚で、ピントのズレた消費者意識や個性や正義感を発揮してしまう困った学生たちの話をしてきた。

キャリアセンターの個別相談には、困った学生が集まりがちなのでカチンと来ることも少なくないのだが、職員が学生の落ち度を怒鳴りつけることはできない。できない理由は明文化されていないけれども、職員同士ではハッキリ意識を共有している。

キャリアセンターの仕事は基本的に待ちの姿勢である。学生が機嫌をそこねて来なくなってしまったら、対処のしようがなくて困る。怒鳴れない最大の理由はそれだ。が、もっと恐れている理由もある。リストカットされたら大変だからだ。

これは比喩ではない。誤解を恐れずに言うと、「この子、少し様子がヘンだな」と感じたとき、私は反射的に学生の手首をちら見している。例外とは片づけられない確率で痕《あと》がついているものだ。

痕を見つけたら、言葉遣いにより慎重を期する。間違っても質問魔にはならない。しばらくは聞き役、うなずき役に徹する。それ以上の何かをしてあげられると勘違いしてはならない。しかし、どんな事情があるにせよ、自分の進路を考えたいと思っていることは事実だ。それには、私もちゃんとした姿勢で向き合わなければならない。

個人面談の第一声から「自分が落ちた理由を教えてください」と言ってくる学生がいる。私は、「じゃあ、模擬面接をやってみようか」と落ちた理由を探してみようとする。すると言葉の語尾がすべて聞こえなかったり、目線が一度もあわなかったり、明らかにその学生のダメな部分がわかるものだ。

でも、そこから先が大変で、その明らかにダメな部分を指摘してリストカットされる危険性を考慮しなければならない。

さりげなく本人による気づきを促し、なるべく前向きに改善点を提案する。だが、こうした学生は満たされない承認欲求に突き動かされてキャリアセンターを訪れるため、生産的な相談の場にはなりづらい。ぎくしゃくとしたやりとりが、一時間、二時間と続くという事態も覚悟せねばならない。

欲求が満たされた学生はまんざらでもない顔をして帰っていく。

その相手をしていた職員は、正直、へとへとになる。

不安は季節と共に移り変わる

就職活動生は誰しも不安を抱えているから、パッと見がチャラい相手でも気を抜いてはいけない。

今年は大震災に振りまわされているが、例年の様子を考えると、ボリューム層の学生の不安はだいたい次のように移り変わっていくと思えばいい。

三年生の四月からしばらくは、「就活って、いつ、どうやってするの？」「自分は、いったい何をしたいんだろう？」「みんなは、どんな会社に興味があるんだろう？」など疑問

▶図表I　就職活動中の主な不安

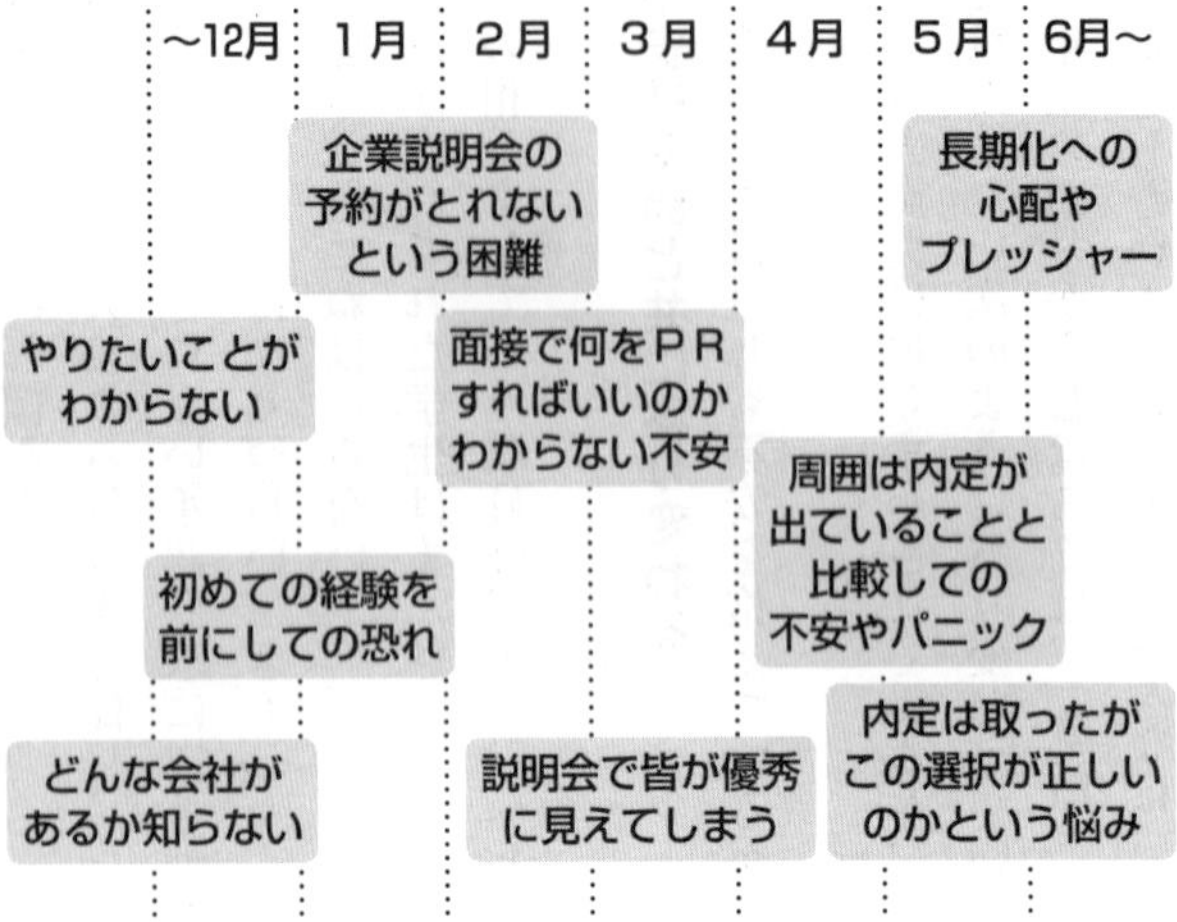

〜12月
1月
2月
3月
4月
5月
6月〜
企業説明会の予約がとれないという困難
長期化への心配やプレッシャー
やりたいことがわからない
面接で何をＰＲすればいいのかわからない不安
周囲は内定が出ていることと比較しての不安やパニック
初めての経験を前にしての恐れ
内定は取ったがこの選択が正しいのかという悩み
どんな会社があるか知らない
説明会で皆が優秀に見えてしまう

を覚えつつも、突き詰めると怖い気持ちになるのでぼんやりしている。

夏休みに知っている学生がインターンシップに参加したと聞き、休み明けから「みんなは、就活をどのくらいやっているんだろう？」と気にし出す。そして秋に入って、就活ナビサイトや大学の就職支援が本格的に始動し、「志望動機って何を書けばいいんだろう？」と不安が具体的になってくる。

年明けから二月にかけて、「企業説明会の予約がとれない」と焦る。二月三月と「志望動機が書けない」「面接で自己PRすることがない」のが最大の懸案になり、四月になって面接落ちを連続経験すると、すでに内定を取ったまわりの学生と比べて自分にダメ出しをし、心を閉ざす。「このままどこの内定も取れなかったら……」と絶望的にもなる。

無事内定が取れた場合でも、「内定した会社でいいのか、まだ就活を続けるべきか」を迷う。半袖の季節になっても内定ゼロの学生はどこかで開き直らないと、不安の渦に巻き込まれて抜け出せなくなる。

以上、時期が違うだけで昔からあった心理変化のプロセスともいえるだろうが、昔は圧倒的に求人数が多かった。また、就活ナビサイトを軸とした一本調子の就職活動ではなく、個人、企業、業界ごとにペースがいろいろだった。おおげさに表現すれば、大海を気ままに泳げるような自由があった。

が、いまの就職活動はそうじゃないので、一度ラインからこぼれると精神的にきつい。活動中に、うつ病を患う学生も少なくない。キャリアセンターの職員が接していて、濃厚にそれが疑われた場合は、ある程度対応のしようがある。

まず、就職活動を停止させ、専門医に診てもらうことを勧める。停止させただけだと不安が増大するので、このくらいの時期に再開してもこれくらいは求人があるんだよと示す。そういった成功事例をいくつか話す。

キャンパス内のカウンセリング室には臨床心理士他がいるけれど、あの方々が求人を持っているわけではないので、学生の希望がなければ無理に紹介はしない。心の浮き沈みとは違うレベルの不調だな、と感じたら、ためらわずにメンタルクリニックへ行ってほしい。

大学格差を正視せよ！

キャリアセンター職員が正直に言えないことがある。

セコ技で事実を操作している就職率や就職実績とも関係する話だが、就職と大学格差の関係について学生に明言することはタブーだ。

現実は、ここまで幾たびも指摘してきたように、企業階層と大学階層との間には明らかな相関性がある。入試偏差値の高い大学の学生は希望通りの会社に入りやすいし、低い大学の学生は正規社員として採用されることが簡単ではない。

しかし、「うちの偏差値で一部上場に入れるだなんて甘い夢は見るな」と言ったら、大学自ら学歴（学校名）差別を助長していることになってしまうし、せっかく見栄えがいいようにちまちまと操作している就職率や就職実績の意味がなくなる。

そしてこれも第1章の最後で触れたが、どんなに下位の大学からでも「外れ値」で有名企業の内定をとってくる学生がいる。入りたい企業に入れる可能性が完全なゼロということはありえないから、ネガティブな方向で断定的なことは言えない。「熱意を伝えれば大丈夫だ！」などといった無責任なポジティブメッセージは言いたい放題だけれども。

タブーで縛られた職員たちは、現実を教えられないので、たとえば合同説明会の参加を勧める。そのココロは？

人気企業のブースに大量の高偏差値大学生が群がっている姿を見てほしいのだ。そこでバーンといい質問が飛び出してきたときの衝撃を感じてほしいのだ。

大学格差は現に存在する。そう気づいてくれることを願っている。帰り道はうつむいて歩くことになるかもしれないが、まず現実を知って受け入れてもらわないことには、実践的な就職支援もやりにくい。

入試偏差値がいくつの大学だと、どこまでの会社に入れるとか、そんなわかりやすい基準はない。というか、大学格差の存在を受け入れたら、あとは自分の大学の位置づけにこだわりすぎないほうが得策だ。気にする暇があったら、筆記試験の準備や企業研究に時間を使いなさい。

気になる会社に自分の大学から何人の内定者が出ているのか知りたかったら、企業説明相談の時間に、直接質問してみればいい。去年は何人受かったのか、何人受けたか。まともな人事マンであれば答えてくれるはずだ。

もっといろいろな会社の採用実績校を知りたければ、東洋経済新報社が毎秋発行している『就職四季報 総合版』や『就職四季報 女子版』の購入を勧めたい。この本は独自にアンケート調査した企業データを約千社分掲載している。

三年後離職率や有給消化年平均といった数字の明示枠を設けるなど攻めの編集姿勢が評価できる本で（ただし、こうした微妙な数字の枠は「NA」となっている企業が多い。「ノーアンサー」の略だ）、採用実績校のコーナーもあり、企業によっては文理別、男女別で各大学から何人ずつ採用したかを明かしている。ここも「NA」の企業が少なくないとはいえ、掲載している企業のページをぱらぱら拾い見していくと、どんな企業がどれほど学歴（学校名）を意識して採用を行っているのか、おおよその傾向がわかってくる。

就職で一発逆転を果たした男

大学格差の説明をしていたら、ふと、一人の学生のことを思い出した。以前、個別相談で私に強烈な印象を残した男子だ。

彼の紹介をしながら、学歴（学校名）にコンプレックスを感じてしまう読者に向けたアドバイスをさせていただきたい。

私のところに個別相談で訪れた彼も、「自分は、大学進学が不本意な結果になってしまいました」と切り出した。

「だから、就職では一発逆転をしたいんです。そのために、二つのアルバイトを一年から続けています。一つは、新聞配達です。朝起きる習慣を身につけたかったからです。おまけに、どんな天気でも自転車を漕ぐので体力と精神力も身につく。もう一つは、ホテルの接客です。就職活動は大人と接する力が試されるのだと思います。ホテルで大人にちゃんとサービスをできるようになれば怖いものなしだと考えました」

相談内容がなんだったのかは忘れたが、彼の堂々としたアルバイト話は印象的だった。

そして、その数カ月後、彼は超大手企業からバンバン内定を取っていった。勉強が得意なほうではなかったので、筆記試験はスレスレが多かっただろうが、狙った企業の面接は落ちる気がしなかったという。あの調子で堂々と話せば「こいつは頼もしい」とたいていの大人は感心するものだ。

このエピソードから大学生である読者のキミに、拾ってもらいたい要諦はなにか？

彼の話がそのまま要諦の列挙になっているのだけれど、「生活習慣」はやっぱり侮れないということだ。大学生活は自己責任なので、学生はついつい緩い毎日を送りがちである。一限の授業はできるだけ履修登録しないようにしてきたとか、出欠を最初にとらない授業は遅刻してもいい自分ルールがあるとか。

たとえばそんな調子で時間にルーズな大学生活を送ってきた学生は、就職活動においてロスが多くなる。朝は苦手なので、実質、午後からしか活動できなくて時間が足りないとか、説明会や書類の提出期限に遅れてチャンスを棒にふったとか、という形でツケがまわってくる。

働く以前の生活習慣の段階で、特に一人暮らしの学生は躓《つまず》いていることが多い。大学生活を就職のために使え、という説教に聞こえるかもしれないが、言いたいことはそうではない。ふだんの生活が就職活動中に表れるんだよ、と知っておいてもらいたいのだ。

知ったうえでこれからどうするかについても、大学生活はあくまで自己責任である。誰も強制してこないから、残りの月日をどう過ごすか、自由に計画すればいい。

下積み経験はありますか？

あと、このアルバイトの事例は、働くための「下積み」の大切さも感じさせてくれる。最近の学生は、「若くても責任ある仕事をどんどん任せる」というフレーズに反応しやすい。終身雇用制の安定した日本的雇用を支持する一方で、年功序列的で体育会系の上下関係のある日本的風土の企業を嫌う。結局、いいとこ取りをしたいだけの我がままか、と思われても仕方ない部分がある。

そりゃあ、精神論で下積みばかりやらされたらたまらない。でも、自分のサークルや部活動に置き換えて考えて欲しいのだが、その団体のことをまったく知らない新参者が、「オレ、ピッチャーやりたい」とか、「ワタシ、編集長やってもいいから」と言ってきたら、相当ムカつくでしょう？

まずは、「素振りと球拾いから」「ヘン顔写真のモデルやって」と言いたくなるでしょ。でも、就職活動生相手に人事マンがそんなことは言わない。なぜかは、ここまで読んできたキミならわかるはずだ。そう、少しでも魅力的な企業だと思ってもらい、応募して欲しいから。ブラック企業ほど「若くても責任ある～」のフレーズで学生を惹きつけようとする。

それで、応募し、内定を取り、入社したとする。あのフレーズはなんだったんだ、という感じで下積み仕事の毎日が続く。「こんなハズじゃなかった」。そうつぶやいた瞬間に我慢の限界が訪れる。それも大体は、入社三年以内に。そして、「自分にあった企業」を探し求める旅に出る。

ここで私が言いたいのは、ブラック企業の怖さについてではない。入社すればどんな企業にも、一つや二つくらいは、キミを満足させる仕事や経験が必ずある。

ただし、それはたくさんのつまらない下積みによって力をつけなくてはたどり着けない。そのようなおもしろい仕事を任せてもよいと信頼される期間が必要なのだ。だから当然のことだけど、我慢が求められる。あるいは、つまらない毎日に楽しさを発見する視点だっている。

これらは、二つのアルバイトをやり続けた彼ほどの頑張りがなくても手に入る。ふだんの学生生活でちょっと「下積み」を率先してやれば、ずいぶん身につくことだと思う。就職活動中だって、「何事も下積みだ」とすればへこたれにくい。

大学進学や大学生活が不本意に思える学生は、おもしろそうな一限の授業を探すところから始めてみようか。

あらゆる発達障害者を支援する体制作りが必要だ！

どこのキャリアセンターでも困っている新しい課題がある。

話のやりとりや文章の作成がどうしてもままならない。専門医に診てもらったら、アスペルガー症候群、LD（学習障害）、ADHD（注意欠陥・多動性障害）など、いわゆる知的障害を伴わない発達障害を指摘されそうな就職活動生たちをどう支援するかだ。

そうした学生たちは確実に増えている。

入試がほぼフリーパス状態になっている大学だけでなく、中堅以上の大学においてもそうだ。おそらく一部の科目の得点がずば抜けていたら合格となる入試や、推薦入学の枠が広がった結果だと思われる。入学方法の多様化が学生のタイプも多様化させた。

学部の卒業単位の修得は、授業カリキュラムの縛りがゆるくなり、苦手な科目を避けやすくなったのでどうにかなる。しかし、就職活動は障害のない学生と同じ土俵で勝負をしなければならないため、非常に突破しにくい。

大学生くらいになると「もしかして自分は障害がある？」と気づくこともある。そんな場合は、専門医の受診を促し、診断が出ればそれを前提とした就職支援をすることになるのだが、アスペルガーなどの発達障害だけで障害者手帳は出ない。障害者手帳二級があれば、多くの企業にある「障害者雇用枠」で就職できる可能性が高いのだけれど、そうじゃないから困るのだ。キャリアセンターの職員が、彼ら彼女らの対応で他の仕事に手がまわらなくなっているケースが増えている。

ちょっと前までは、コンピュータ好きなら、プログラマーになるケースも多かった。が、いまではその世界でも技術一辺倒の人材ニーズは減り、プラス営業力などを求めてくる。正直、紹介できる先がほとんどない。過去の私の担当では、まず企業にその学生の事情を説明し、採用を検討してもらえるとの返事をもらって学生に話をつなぎ、高校生と同じ条件で応募、内定取得できた事例が一件だけだ。そもそも大半は話が苦手なのでキャリアセンターに来ないまま、就職も進学もせずに卒業だけしていくケースがたくさんあるはずだ。

これはダイバーシティの観点から、そうした学生に対するキャリア形成支援の体制作りを、大学など高等教育機関が進めるべき課題である。お金と専門的な人材が必要なので、国がバックアップすべきである。彼ら彼女らの可能性を潰してはいけない。

キャリアセンター職員一人ひとりの努力ではあまりにも非力にすぎる難題だから、早急な支援体制作りの必要性を訴え続けようと思っている。

3 社会の窓を思い切り広げよう

やりたいことがわからないから就職活動をしないという学生がいる。

天職、適職に就いた者が人生の成功者なんだ的なことを、大人社会がさんざん言ってきたからなのか、若者たちの一部が「やりたいこと」に囚われてしまっている。

やりたいことがあることはとても大切なのだが、もしかしたらそれ以外が見えなくなっている視野狭窄の状態なのかもしれない。いまでも少なくないアナウンサー採用命みたいな天文学的確率の就職にこだわっている学生は、いったん頭を冷やしたほうがいい。

一方でやりたいことがわからない学生は、そこで立ち止まらずにとにかく動くことだ。ビジョンはアクションから見えてくる。そのアクションは授業の受け方の工夫でもいいし、ゼミの積極参加もよし、アルバイトやボランティアだってありだろう。

まだ動いていないから社会の広がりを知らなくて、知らないことばかりだから何から考えればいいのかわからなくて、就職活動が止まってしまうのだ。

止まらず動くには、具体的に社会を知っていくこと。就職活動というせっかくの機会をうまく使って、社会勉強をしていけばいい。

まず、情報収集法のイロハのイを説明したら、企業研究のベースになるマップを一枚紹介しよう。そして、就職活動中に出くわすトピックについて時系列でお話ししよう。

最低限、この企業情報源にあたりなさい！

自己分析に励んでいる暇があったら企業研究をしなさい。大学でも私はよく言っているし、この本でもすでに同様の趣旨を述べている。

企業説明会の参加やエントリーシートの作成が多すぎて、結局、おざなりなチェックで終わらせてしまいがちなのが企業研究だ。

どんな無名大学の学生だって、いまはパソコンをみんな使える。それはとても便利な道具で大いに活用したいのだけれど、おかげでパソコンから離れたところでの就職活動を面倒くさがる学生がごまんといる。

企業研究はその企業だけに詳しくなっても意味がなく、同業他社と比較してどうなのかという視点がないと「会社選び」はできないし、「志望動機」も満足に書けない。

比較の視点を持つには、業界研究本で概要を把握するところから始めるといいのだが、これを読む就職活動生が少ない。産業のグローバル化やテクノロジーの汎用化、あるいは規制緩和や相次ぐM&A（企業の合併・買収）で、業界の垣根を越えた商売を展開する大企業がすごく増えた。なので、一つの業界に的を絞って就職活動をする学生が減ったとも言えるのだが、それでも大企業それぞれの基幹業務はそう変わっていないし、業界内でシェアを取り合う競争もまだまだ激しく行われている。

業界という括りでその歴史から儲けの構造、組織図、主な企業のプロフィールまで手っ取り早く知るには、昔ながらの業界研究本の一読を勧める。その業界や特定の企業の広報役みたいな著者もいるにはいるが、以前よりかは減っている。ジャーナリスティックに業界を斬っている、とまではいかなくても、偏りのない客観的な筆致でなければ、「ネットで調べればいいや」と見切られるようになったからだろう。

そう、インターネット上にも大手就職支援業者から正体不明まで、さまざまな運営者がいろいろな業界分析や企業研究サイトを設けている。そのほとんどは閲覧料タダだ。

タダには別の儲けのからくりがあるわけで、一番多いのは、取り上げた業界や企業から広告宣伝費を頂戴する方法である。そういうサイトの情報は、言うまでもなくお金を出してくれる組織のために作られている。鵜呑みにしてはいけない。タダほど高いものはない。

就活ナビサイトの企業ページなどは採用広告そのものだ。法律で禁じられていること以外のどんな手段でも使って、キミたちを勧誘している場所だと考えてほしい。就活ナビの企業ページに目を通し、そこから企業の就職希望者向けサイトに飛び、それらを読んでおしまいではダメなのだ。企業のサイトを見るなら、就職希望者向けのところではなく、一般投資家向けのほうへ行け。経営や会計の基礎知識がないと読みこなせないだろう。だったら、知識ゼロの読者向けにくだいて説明している業界研究本を買いなさい（ただし、自社の就職希望者向けにサイトにどれだけ応募学生がアクセスしたか、その回数をカウントしている企業もある。アクセス回数が少ないと本気度が低いと思われかねないので、入りたい企業のサイトはそれなりに覗くようにはしておくべきだろう）。

184ページで勧めた『就職四季報』と、業界研究本の二、三冊への投資は、コストパフォーマンスにすぐれた情報収集術なのである。

それと、入りたい企業、気になる企業がある場合は、新聞社のデータベースが使える。特に、日本経済新聞社が発行してきた新聞記事のほとんどがキーワード検索で読める、『日経テレコン21』が就職活動には格好だろう。

このデータベースに、たとえば企業名を打ちこみ社史を追うのだ。社史はその企業の公式HPにもたいてい載っている。もちろん、都合のいい部分だけをつなぎ合わせたものが。新聞記事であれば一応は第三者である記者が書いたものだから、悪い点も含めたニュースとしてずらずら出てくる。大きく何度も扱われているニュースは、大人社会の常識として頭に仕入れよう。

新聞社のデータベース利用料は高額なので、個人で契約しろとは言わない。たいていの大学図書館が契約してくれているので、これはタダで利用しなさい。キャンパス外のパソコンからアクセスできる仕組みになっていれば、ちょっとした調べものにも便利だ。

他にも、就職活動の役に立つ有料の情報源はいろいろあるのだけれど、ここまで紹介したものを読みこむだけでタイムオーバーになるだろうから、以下は略す。

会社を四つに分けてみる

就職難が続いている。どれほど厳しいのかと言うと、二〇一二年三月卒の大卒求人倍率は一・二三倍で、超就職氷河期と言われた二〇〇〇年三月卒の〇・九九倍よりかはだいぶマシだ（求人倍率＝求人総数／民間企業就職希望者数）。

▶**図表J**　会社を四象限図で分類

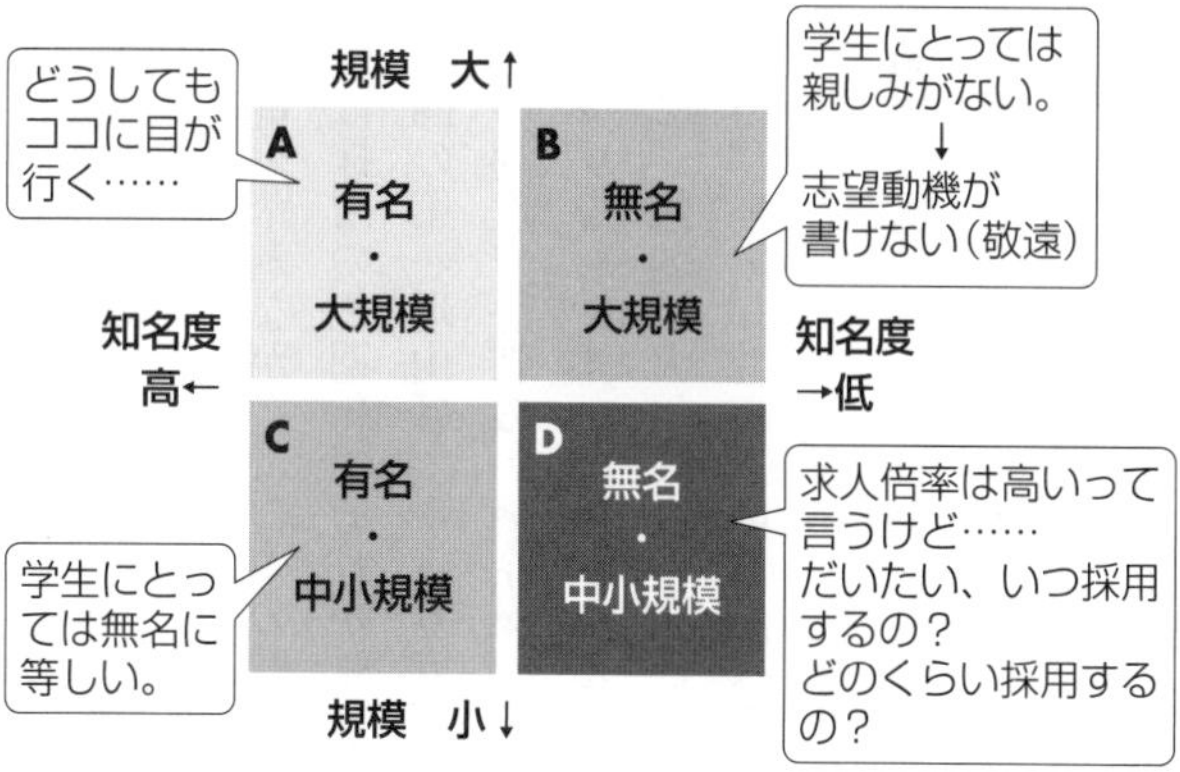

ただ、じゃあ、安心していいのかと言うと、事態はそれほどシンプルではない。

企業への就職状況にはいろいろな見方があるが、ここでは四象限図を使ってみる。企業の知名度と規模で分けると、どんなことが見えてくるだろうか（図表Ｊ）。

まず、有名で大規模な企業群Ａ。テレビＣＭを継続的に打っているような誰でも知っている会社をあげれば、たいていＡだ。ビール、製菓、玩具などのメーカーが思い浮かべやすい代表例だろう。

ここにはたくさんの学生が入ろうとする。

社名のブランド力にこだわる学生は、最上位の大学に多いが、関東私大でなら日東駒専以下になると少数派だ。ブランド力があるよりも、身近に感じられて、仕事内容がイメージできる企業に人気が集まる。

学生の目には「攻めやすい」「志望動機が書きやすい」と映るこうした有名大企業に応募者がどっと押し寄せ、選考過程の前半でぼんぼん自爆していく。就職活動というものは、こうして地雷を踏みながら世の中の厳しさや身の程を知っていく学びでもあったのだが、大震災以降は採用の短期化でそれが難しくなってしまった。

大企業志向の第一理由は、やはり安定性。給料、福利厚生もいいし、特に女性には産休や育休などの制度で評判のいい企業が支持される。あとは、いろいろな職種があるので、キャリアアップをしやすい印象がある。

で、お次に、無名で大規模な企業群B。業種は問わないから、ここに入る企業名をあげてみてほしい。……一社も思い浮かばない？

工学系や経営系の学生でないと、まったくの未知の世界である可能性が高い企業群だ。その関連業界で働いている社会人だったら知っていることが常識以前、しかし、一般的には認知度の低いところ。ＢｔｏＢで中間素材のメーカーなどが相当する。

たとえば、ＡＤＥＫＡ（旧旭電化工業）だ。マーガリンを作った化学品メーカーである。おなじみのファストフード店のポテトの揚げ油も、液晶ディスプレイのコーティング剤も作っている。東証一部上場の東洋電機製造は社員数が六百人台だが、鉄道ファンならご存じだろう。パンタグラフをはじめとする車両用電気機器で圧倒的なシェアを誇るメーカーである。同じ乗り物方面では、自動車に必要な電子部品のいくつかでトップシェアのアルプス電気は、震災で東北地方の工場がやられ、生産がストップしている間、世界中の自動車メーカーの生産まで止めてしまったほどの存在だ。ニュースが記憶に残っている読者も少なくないはずだ。

B群には世界で一目置かれる技術力を持ち、経営も家族主義的で、働くには居心地のいい優良企業がたくさんある。だけれども、先端的、専門的なモノづくりの企業が多く、文系学生に勧めてみても数学や専門知識に自信がないからと食いつきが悪い。営業職や営業事務での人材ニーズはたくさんあって、学部を問わない採用が積極的に行われている。商品の勉強は内定を取ってから、入社をしてからでもさまざまな研修で吸収できるのだから、文系学生が寄りつかないことは非常にもったいない話だ。

中小企業とは出会いにくい

有名だけれども中小規模のC群に移ろう。

ここでの「有名」の意味は、B群の場合と少し違う。ビジネス界では、もっといえばビジネスマン向けのマスメディアではとても有名だが、新聞もとらない一般学生には知名度ゼロに等しいところだ。小粒でも輝いている企業だと、日経あたりが紹介している企業群である。もしくは事業内容を説明すると「へぇ」と思える変わり種だ。

思いつくままに例を挙げておくと、どんどん大きくなってきたので中小企業とは呼べないが、潰れそうな高級旅館などの再生で知られる星野リゾート。日本の消防車の六割近くを生産しているモリタ。ラジオで耳に音が残ってはいるが、なにをやっている組織か知っている人は少ない日本道路交通情報センター（警察など交通管理機関、高速道路会社など道路管理機関の交通管制システムをオンラインで結び、変化し続ける道路交通情報をメディアを通し利用者に提供する財団法人だ）。

急ぎ足で、無名で中小規模のD群に移動する。

ここにだって、他の追随を許さない町工場から、信頼と実績の専門問屋まで、あらゆる業種の優良中小企業が散らばっている。

しかし、マスメディアでもめったに紹介されないとなると、一人の学生と一社とが幸福にめぐり合える確率はゼロがたくさん並んだ小数点になる。

就活ナビサイトで募集するにも、しょぼい内容のページで三百万円はかかる。少し手をかけてゴージャスにするとすぐに五〇〇万円を超える。中小企業の採用は、せいぜい一年に数名だ。その人数を採るのにそんな大枚《たいまい》ははたけない。よって、ダイレクトに大学キャリアセンターやハローワークに求人票を出すのだけど、そこに記入するデータだけで自社の魅力は伝えられない。どうしても存在は埋もれがちになる。

中小企業向けの合同企業説明会も開かれている。が、就職活動生たちは先に大手企業がある合説に行っている。大企業の説明会のうまさについては、第2章でたっぷり紹介した。あのスマートでフレンドリーに洗練されたショーを見たあとに、中小企業の人事マンがいかにもオッサンという感じで会社案内の冊子を携えて登場すると、学生の感想は「つまらない」「魅力を感じない」「ピンと来ない」になってしまう。

それでもここ最近の就職活動生は、少しずつだが、中小企業に目を向けるようになってきている。会社で出世をすることに価値をおかず、週末のサッカーは雨でも休まないなど趣味が優先で、仕事は無難がいいんじゃないのと考える学生層だ。

地方の実家に戻り、地元で就職したいという地域密着志向の層も増えている。部署が分かれすぎている大企業より、中小企業のほうがいろいろな業務経験を積めると考える層もいる。

みんながみんな大企業志向よりもずっと健全だ。しかし、なぜ中小企業なのかという理由は、「そんな自分を満たしてくれそうだから」というものばかり。そこに採用する側の視点がまるでない。

一人を選ぶ目は必死である！

はっきり言えば、中小企業志向の理由にはもうひとつ、「就職が難しいのは大企業であって、中小のほうは人が足りないんでしょ」という見方がある。有名ブランド大学の学生のなかには、「そこまでランクを落とせば私でも受かる」という本音がある。

キミがそう思っていたとしたら、甘い！と一喝したい。

求人倍率だけ比べたら、大企業の平均は〇・七倍で、中小企業は二倍近くある。まだ内定を取れる可能性は中小企業のほうがだいぶあるので、そちらも候補に入れましょうと、キャリアセンターの職員もけっこう言ってきた。

が、それも甘いというか、雑にすぎるアドバイスである。私は働くということの価値観を横において、プラグマティックに最近の中小企業志向を修正したい。

たしかに大企業の平均求人倍率は〇・七倍だ。十人の就職希望者がいても、七人ぶんの机しか空いていないわけだ。で、中小企業の平均求人倍率は二倍近くある。

だけどもうちょっと考えてほしい。中小企業一社の求人数はたいてい一人か二人で、多くても五人か六人だ。たとえば東京の大学生が中小企業の求人票に目を留める。採用人数欄が「事務職一名」となっている。首都圏という巨大マーケットにあって、「私でも受かる」と応募できるか。百人、二百人という規模で採る大企業のほうに目が行ってしまうのが自然ではないか（そこが優良企業とは思えなくても）。

中小企業の合同企業説明会に行っても混んでいる。一社の説明を聞くのに一時間待ちは普通だ。その後、「営業職一人」の求人票を見たときに、どう感じるか。

こうしたときに覚えた動揺は大事にしたほうがいい。相手は出会う全員の中から一人しか採る余裕がないのだ。必然的に、厳しく選考してくる。必死に学生の本性を見る。

採用する側の視点を考慮すれば、これもごく自然である。

中小企業だからと、ナメてかかれば軽く落とされる。

そういう学生も中小企業志向の高まりにともない出現しているのである。大手落ちを繰り返したあと、「中小にまで落とされた自分なんて」と自信を失い、就職活動からフェイドアウトしていく学生がいる。自業自得なのだけど寂しい話だ。

四象限図のC群だろうが、D群だろうが、中小企業をナメてはいけない。そこで働いている人だって、生活をかけて必死なのだ。

人の役に立つ仕事をするということ

中小企業志向の高まりが見られ始めたのは二、三年前からだが、二〇一一年はアンチ大企業とでも呼べる現象がうっすらと見える。

おそらくは大震災の影響が大きい。

大企業にツキモノの転勤を嫌がる学生が増えているのだ。また何事かが起きたとき、家族のそばにいられないではないか。そんな生き方は嫌だ、という考え方である。

あるいは社会貢献という価値観の芽生えだ。何を大事に生きていくか。これまでのようにいい企業に入って一戸建てに住んで、だけが幸せでないという意識は流れ始めている。

被災地のあの映像をずっと見ていて、「自分が少し違ってきた」と言う学生はけっこういる。一時的な反応ではない、落ち着いた目をして言う学生がいる。

本当にそう思っているのなら、どんどん言葉にしていっていいと思う。企業規模云々ではなく、「そう思う自分の考えをもっと育てていったらどうかい」と私は言っている。

ギラギラした営利主義を嫌う学生は多い。もっと公共性のある職業に就きたい、人の役に立つ仕事をしたい、こういう学生も多くて公務員人気が高まる。

本来の公僕となってくれればよいのだが、公務員以外の選択肢が探せない。公務員浪人を重ねておかしくなっちゃったら取り返しがつかないから、民間企業の就職活動も勧めるのだが、就活ナビサイトを中心に会社選びをするため、どうしたって見つけづらい。見つけても、そこに応募が集中豪雨的に殺到するから、異常な高倍率になって受からない。

もっと頭を柔らかく、対象を広く捉えてみたらどうだろうか。「公共性」をキーワードに、営利だけど世のため人のために働いている自分がイメージできる企業を探す。

探し方の方程式を披露したいところだが、残念ながら私もこれだとは示せない。

そのかわりにこんな事例を紹介しておこう。

女子学生で、大企業にどんどん落ちて、でも性格のすごくいい子がいた。「人の役に立ちたい」と一貫して言っていて、その言葉がウソっぽくなかった。

だけど、彼女が見つけた会社、私が紹介した会社とみんな落ちてしまって、最終的にどうなったか。「お葬式屋さんに行きたいと思いました」と言ってきた。

不人気業種の代表みたいな志望先を聞かされて一瞬、驚いたのだが、よくよく考えてみると、なるほど彼女に合っている就職先かもしれない。非常時にある遺族の心情を酌む、同時に複雑なお金の話を短期間でまとめる、葬儀の現場ではアクシデントに備える、粛々と業務を進めて当たり前で、なんの見返りを期待できるわけでもないが、プロとして働く誰かが絶対必要である仕事――。

彼女はある葬儀会社の内定をとり、入社した。このところの葬儀業界ではダンピング合戦が激しくなっているそうで、予想外の厳しさも味わっているとのことだった。だが、「遺族から、本当に良いお見送りができましたとお礼を言われると、胸がいっぱいになる」と笑顔で話していた。

やりたい仕事の方向性はあったけど、いろいろ落ちて、おかげで力みが取れて、そういう選択ができて良かったね、という例である。

インターンシップの現状について

企業研究や会社選びの話は以上にして、就職活動のトピック解説をしよう。

まず、いつの間にか、最初の就活と位置づけられてしまったインターンシップについて。

結論から述べる。

私は、インターンシップはやってもやらなくてもいいと思っている。あくまで教育的な職業体験であるべきが、全国に広がっていったら、選考として位置づけている肉食系企業は出るわ（東大一橋早慶限定といったケースが多々）、バイト代わりの労働力として学生を使う雑食系企業も出るわ、残りの企業のほとんどは嫌々仕方なく形式的にやっているわ、という状態になってしまったからである。

というふうなことは立場上言えないので、「やらなければいけないわけではないからね」あたりで思いを伝えても、「で、やったほうがいいですか？」と聞いてくる学生が多いので困る。自分で判断できないところが困りものなのである。

きっと判断材料が足りないのだろうね。なら、もう少しここで言わせてもらう。

大学はインターンシップの実績を謳いたがる。うちの学生はこれだけ参加しているんだと数を競いたがる。

あれは意味がない。パンフに六百人参加しましたと書いてあっても、そのうちの半数以上がワン・デイ・インターンシップだったりするのだ。一日会社見学ですよ。大学はインターンシップの参加者数を、参加するときに入らせる損害保険の件数でカウントしているから延べ人数でもある。絶対人数は百人くらいになるんじゃないか。

学生もほんとうに行く気がある者はその程度だと解せる絶対人数だし、企業側もそれ以上の人数を受け入れる余裕がない。ワン・デイが典型だが、全体的に短期化している。リーマンショック以降、どんどん短くだ。

肝心の内容についてだと、企業側が何をやらせていいかわからない状況に進展はない。「おもしろかった」と言う学生の話を聞いたら、ビジネスゲームで盛り上がっただけだったりとか、外回りの営業マンのお供で、サービス精神旺盛な社員が豪華な昼食を奢ってくれ、提出物がグルメ感想文になってたりとか。まあ、苦笑話は山ほどある。

生命保険会社は仕事の実像を見られたくないのだろうか。インターンシップで職場に行かない。研修所で一日目は保険の概要を講義し、二日目はビジネスゲームと就職支援のちょっとしたイベントを催し、最終日に保険会社のあるべき姿について学生にプレゼンをさせて以上みたいなプログラムが標準だ。それを職業体験だと勘違いしてしまう学生もいるので、いっそシンプルに一日会社見学でお茶を濁してくれたほうが害がない。

インターンシップは、大学が主体となってプログラムを組むコープ教育として位置づけねば、という議論になってきている。なってきてはいるが、実務をやるのはキャリアセンターであり、いまでも人手不足で顎が上がっているのだから、簡単には変わらない。

メンタルにちょっと問題がある学生でも、インターンシップなら企業も受け入れてくれることが多い。そこで学生が気づきを得る可能性がある点はいい。でも、インターンシップで大丈夫だったから内定もくれるだろうと突っ走って転ぶ学生が多い難点もあり。

公務員のインターンシップなんぞ、どうやって参加者を選んでいるかご存じだろうか？一例だろうが、公平性の観点から、「実は早い人順なんです」と私は聞いたこともある。

これだけ惨状を読まされて、それでもやりたければやればいい。

就職のための資格取得について

学歴主義者だと誤解されても構わない。

資格取得については、関東のＭＡＲＣＨ、関西の関関同立以上の階層の大学生か、それより下の階層の大学生かで、アドバイスが変わる。ＭＡＲＣＨや関関同立以上の大学に通っていても、学力に自信がない学生は、下の階層にいると思っていただきたい。

下の場合、どんな資格でも検定でも、学んだ成果としての自己肯定感が得られそうなら、チャレンジしてみる価値はあるんじゃないだろうか。

入試偏差値の算出すらしてもらえないボーダーフリーの大学に、勉強を頑張ったことのある学生はほとんどいない。ならば、最初の勉強での成功体験として資格ゲットはありだろう。ただし、就職活動で提出する履歴書に、「英検四級漢検三級」と書かないこと。自己肯定感はじんわり自分の中で味わうこと。

勘違いしてほしくないのは、あくまで自信をつけるきっかけとして資格を利用するのもいいと提言しているのであって、就職の直接的な武器として資格を取るのは話が別だ。

新卒就職で履歴書に書いて評価される資格は限られている。

英検だったら一級、TOEICなら八〇〇点以上。日商簿記では二級以上、できれば一級。あとは司法試験、公認会計士、税理士、弁理士といった超難関資格くらいだ。

「私は金融の仕事につきたいからファイナンシャル・プランニング技能士を取りました」は違う。「金融をなめるなよ」と思われるのがオチである。

「実践的なマネジメント能力を身につけたくて中小企業診断士を取りました」も違う。MBAのホルダーでさえ、「うざいやつ」と見られがちな昨今、逆効果である。

何が評価されて、何が逆効果になるのかは、自己PR材料がないので学生時代に取った、程度の資格ではダメなんだと考えればよい。

ということで、上の大学生の場合は、在学中に取れたら相当な頭脳の持ち主であることを示す、超難関資格を目指されたい。取得し、修業をすれば、その道の専門職で働いていけるからだ。

そんなに頑張れないという上の大学生は、資格取得以外のことにエネルギーを使おう。

合同企業説明会について

企業説明会は、企業について知る機会であり、その企業人事部の人を知る場所ではない。彼ら彼女らは企業の顔になることを命じられた演技者で、演技力に惚れても何の意味もない。学生はそういう心積もりで参加されたい。

合同企業説明会の場合は、多くの学生にとって、会社との直接的な最初の接点である。だからこそ、浮かれず恐れず、俯瞰してその場を見てきてほしい。

学生がすごく群がる企業があって、それでも聞きたい自分がいるか、「ああ、これは自分にはムリだな」と思うことは大事だ。だから、説明の現場には一歩踏み込むのではなく、何歩か下がって様子を眺めるくらいがちょうどいい。

また、合同企業説明会にはお祭的な性格もあり、他の大学の学生と知り合う機会になりえる。壁際族と呼ばれているのだが、壁に寄りかかってぼーっと立っている連中がきっといる。自分も壁際族になって、隣の学生に「何社まわった？」と話しかけてみるといい。そこから意外と貴重な情報交換になったりもする。

たくさん参加する必要はないが、いちおう一、二回は合同説明会を覗きに行こう。世の中の縮図の一端を垣間見に出かけるのだ。

合同企業説明会は選考には関係しないが、金融業界の一部にはイベントの参加回数をアンケートや口頭でカウントする企業がある。たとえば、金融業界研究会、女子学生セミナー、内定者と語る会といったどーでもいい会を開き、ようやく本格的な企業説明会となる。そこまでの参加回数で自社の志望度を測るのだ。回数が多い人から採用試験の案内を出す。あまりに志望者が多すぎ、誰が第一志望だか判別のしようがないため、そう絞るところがある。

こうした企業を志望するのであれば、ある程度の回数は参加せざるを得ないだろう。回数で学生の志望度を測れるとは思わないが、一企業をいろいろな視点で考えてみることの大切さに気付く機会にはなるかもしれない。

OB・OG訪問について

OB・OG訪問を頑張ってするのは無駄じゃない。できれば就職活動に入る前、いっそのこと三年生の夏休みよりも前に（一、二年生でもよし）行ったほうが、相手と自分との間に「取る／取られる」の関係がないので、聞きたいことが聞け、知りたいことを引き出しやすい。

就職活動期に入ってからでも前半なら、まだOB・OGの素の部分を見聞きできるだろう。就職したばかりの新人だとまだ会社のことをよくわからないので、二十代の中後半が狙い目だ。リアルな葛藤を聞ける可能性もある。

また、もし可能であれば、同じ会社で複数人のOB・OGと、回を分けて会うといい。部署によって、性別によって、個人によって、こんなに会社の見え方が違うのかと驚かされる場合もあるし、みんな似た話をしたならば、「自分もこの会社に入ったら、この人たちみたいになるのだろう」と未来予測がつく。

しかし、問題はアポ取りの難しさだ。

75ページで説明したように、キャリアセンターのOB・OGデータが意外と使えない。連絡先がわかっても、働く先輩たちは予想以上に忙しい。無視され続けて心が折れませんように。会えれば、予想以上に親身なアドバイスをしてくれる先輩も多いから。

OB・OGは自校の卒業生のことを指すが、親戚伝手《づて》やバイト伝手、高校までの知り合い伝手などで、違う大学を出た社員たちに話を聞いたって構わない。同学年で他の大学に通っている友人がOB・OG訪問に行くと聞いたら、同席を頼む方法だってありだ。

双方の素性がわかるフェイスブックで訪問相手を探す方法も、すごくいいと思う（自分の個人情報が丸見えになる点については覚悟と注意を！）。

先方さえオーケーならば、手段を選ばず、礼だけ尽くせ。

OB・OG訪問の落とし穴についても言っておこう。

企業の就職活動生向けHPに「OB・OG訪問はこちらから」と記されていることがある。その場合のOB・OG訪問は、就職活動生が職業や企業研究を深めるための生声インタビューとはまったく意味が違う。

登場してくるのは同じ大学を出た先輩かもしれないが、彼らや彼女らは、何を話して何を話すな、チェック項目はこれだ、としっかり指令が下されている。

これはけっこう昔からある、選考としてのOB・OG面接なのだ。知りたい、教えてほしい、というスタンスで会っても何も得られない。場が読めない人間と判断され、落とされるだけだ。本来のＯＢ・ＯＧ訪問は人事には聞けないことを聞くためのものだが、そこに人事が入りこんでいる。くれぐれも注意されたい。

ボランティア・フォー・ワーク

コミュニケーション能力はアルバイトで高めよう、という提唱が各地でなされている。大学での学びに加えてするアルバイトであれば、私も「得るものがあるよ」と勧める。だが、提唱者も学生もわかっていないのは、アルバイトで経験できる仕事はアルバイトでも間に合う仕事であるということだ。具体的には、外食や小売などでの接客、単純な肉体労働、塾講師や家庭教師あたりになる。多くの学生が志望する一般企業の知的業務で、学生アルバイトを募集するケースはめったにない。そうした職業体験はインターンシップが役割を担うはずだったが、実質的に機能していない。

では、志望の職業を学生のうちに体験するにはどうすればいいのか。

一案として、ボランティアという手段があると思う。アルバイトの募集がない企業でも、「仕事に興味があるのでボランティアをさせてください」と頭を下げれば面倒を見てくれる可能性は低くないはずだ。簿記二級を持っているなら、その知識を生かした仕事の手伝いをタダでさせてもらう。労働者の底辺として仕事を経験し、実態と自分との相性を知る。多少の勇気と行動力が必要だが、得られるものはでかい。是非、お試しを。

第4章

保護者は隠れた戦力である

1 モンスターファミリーが説明会に押し寄せたか？

就活に親がついてくる時代になった——。

世も末だ的ニュアンスを大いにこめた記事タイトルが、新聞や雑誌などの紙誌面に躍ることがある。

親が子供の就職活動に関わることを、最初に問題視された場は企業説明会だ。写真や動画で「絵になりやすい」からだろうが、説明会で大学生の息子や娘に寄り添う父親や母親の姿にカメラが向けられた。小学校に理不尽な要求を繰り返す保護者と弁護士の攻防を描いた社会派テレビドラマ『モンスターペアレント』が放送されたのは二〇〇八年である。その怪物が大学生の就職活動にまで現れた、というセンセーショナリズムを基調に紹介されることが多かった。

たしかに企業説明会の個別相談で、ぼーっとした子供の横で必死に質問を代行する親の姿は異様である。実際、親が妙な介入をしてくるせいで途中から学生がおかしくなった、とぼやく人事マンも少なくない。我が子が他社を選んだ場合、親が内定辞退の電話をしてくることが増えた、とも言う。

キャリアセンターでも親子問題で困ることはあるが、彼ら彼女らをモンスター視するのは違うと思う。

むしろ、大学への直接のアプローチに抵抗がある親はいまだにけっこういる。二十歳を過ぎた子にいちいち親が〜、就職にまで口出しするのは〜、といったステロタイプな気恥ずかしさから、自分が顔を出すことを嫌がるほうが多数派だ。

しかし同時に、大学生の親たちのたいていは就職難の時代の子供の行く末を大変心配している。なかには不安で眠れぬ夜が続く人がいるくらいに、である。

我が子の就職活動にどう関わればいいのかわからない、普通の保護者向けに具体的な考え方及び動き方を述べていこう。

企業説明会についていくべきではない

では、たとえば会社説明会に親が同行する件。その是非はどうなのか？

私見では、ついていかないほうがいいと思う。世間がそう感じるように、過干渉だから、非常識だから、親バカだから、ではない。

もっとプラグマティックな理由からだ。

企業が採用活動で見聞きしたことは、次々と情報化し、ネットで管理する時代だ。説明会に母親がついてきた。企業側はどこかのタイミングで必ず、「お子様はどちらですか?」などと聞いてくる。で、子供の氏名他が判明すると、該当欄の備考に「母親同行」などと打ちこまれる。次にまた親と企業の接点があった場合は、「親出現三回、要注意」とマークされてしまうかもしれない。

もちろん、これは内定を取る上で大きなマイナスポイントだ。

自立心がない、親離れできていない学生に映るからというよりも、企業人事部がやっかいなケースと判断するのである。こうした学生を採用し、入社後に面倒をおこされるのはご免だ。残業が遅かったので娘の父が職場に電話をしてきたり、息子を厳しく怒鳴りつけた上司に「パワハラだ」と母親がクレームをつけてきたり、本当にそうなるかどうかは別として、人事部は事前に危険性を回避したいのだ。

一回の「親同行」でも、減点の要素になると考えるべきだろう。

だから、どんなに心配でも子供が志望する企業に、親は顔を出さないほうがいい。損得勘定から、私は親の同行に反対である。

基本のキの字もわからないという心配

親は我が子の就職活動を心配する。心配してくれる親に子供は感謝すべきである。世間はそれなりに広いもので、逆に放任というか無関心の親も実在するのだ。自分の不安をまったく共有できない親と同居していたら、かなりつらいはずだ。

でも、心配されすぎというのも、多くの子供にとってはうるさいもので、そこらへんの加減が難しい。過干渉でなく、無関心ではない励ましが大事です、と就活ナビサイトの保護者ページに言われたって、実際にどうしていいかわからないというのが多くの親御さんの実情だ。

キャリアセンターもそのことはよく承知している。

どこの大学でも催している父母懇談会でダイレクトに質問が来るからだ。

父母懇談会は、私大が各地域で開く保護者と大学教職員とのコミュニケーションの場である。事務職員は学生課や教務課他の部署からも参加するのだが、個別相談時間に賑わうのはキャリアセンターのブースだ。

親御さん曰く、「就職環境っていまどうなんですか?」「いまうちの子は××士になりたいと言っているんですけれど将来性はありますか?」「東京から地方に帰ってきて求人はありますか?」「地方の出身なのに東京で就職活動をすると不利ではないですか?」。四年生の親だと、「うちの子はまだ決まってないんですけど、どうにかなりませんか」と切羽詰まっていることもあるが、モンスターが来たぞという思いをしたことは一度もない。

ただ、大半の親御さんの質問内容は就職活動生の初期のものよりも漠然としている。あまりにも実情をご存じないので最初は驚いたくらいだ。就活のプロセスも、期間も、選考の種類も量も、基本的な事柄をまるでわかっていない親ばかりなのだ。

これでは心配になるのも無理はないだろう。無知は不安を増大させるからである。

ただし、就職活動に関する親御さんの知識の欠如は、大学キャリアセンターの責任によるところもある。公式HPを開ければ、プロセスなどの基本情報は就職活動生向けのページに載っている。もっとわかりやすく説明する必要もあるだろうということで、保護者向けの就活アドバイスページを設ける大学も増えているところだ。

でも、親御さん世代で気軽にパソコンを扱える割合は思ったほど高くない。ようやくそこにたどり着いたとしても、載せてある情報がさほど充実しているわけでもない。

本当はガイダンスの出席者に提供している冊子の就職ガイドブックを、親御さんにも郵送すれば理解が進むのだ。基本事項は網羅されて、できのいいものがけっこうある。けれども予算上、無料郵送できる大学キャリアセンターは限られている。HPに冊子の内容を丸ごと掲載する作業もなかなか大変で手がつけられていない……。

父母懇に出かけ、親御さんの心配を感じるたびに、たいした情報提供ができていないことに良心の呵責《かしゃく》を覚えるキャリアセンター職員は少なくないはずだ。

話すなら三十代正規職員を指名する

この本は、そんな大学生を子に持つ読者の方々にも役立つことを目指して作られたものだが、では、大学がお住まいから近い場合、あるいは大学近くにお出かけの際、親御さんがキャリアセンターに立ち寄るのはどうか？

これは私の経験則を話そう。

キャリアセンターに直接いらっしゃるのはたいてい御母堂だ。子である学生は男女半々ほどだが、親は母が圧倒的多数で、まれにその母が夫つまり父を連れてくる。困ってしまうほどではないけど、やや教育ママ傾向あり。そして、「うちの子はですね」と話が始まる。性格とか、小さな頃のエピソードとか、語っていたという夢とか、大学をどう思っているとか、就職では何が向いているとか、まあ、いろいろおっしゃる。

キャリアセンター側は、「そうですか」「なるほど」と相槌を打ちながら、とにかく話を聞く。そして、就職活動について可能な限りの説明をし、情報提供をする。お子さんの手助けはこうなさってください、とアドバイスだってする。

が、その後、何かアクションを起こしてくれる親御さんは滅多にいない。自らキャリアセンターまで行き、言いたいことが言えて、それで気持ちスッキリなのかもしれない。

ただ、迎える側としても、それ以上の何かを期待されないほうが助かる。

一般的には、親御さんが相談しに来ると、それなりの役職者が応対する。といっても、大学はジョブローテーションが多いため、就職支援のベテランとは限らない。また、キャリアセンター内での中間管理職なので、個別相談はあまりやらず、学生のことをさほどわかっていない。よって、情報提供やアドバイスは無難な話になりがちだ。

もしそれでも直接いろいろ聞きたいという親御さんは、三十代くらいでキャリアセンターに来て二年以上の正規職員を指名するといい。その層は学生の個別相談を一番こなしているし、学部とのパイプもそれなりにできていて、お勧めゼミの話などもできる可能性が高いからだ。非正規職員だと、どうしても学生に一番身近な教員や学業のことがわからない。

学部担当別に就職支援をしている大学、もしくは単科大学のような小規模大学のキャリアセンターでは、職員が「何でも屋」であるため、質問にいろいろ返してくれることがある。学生事情をそれなりに把握していて代弁してくれる。

私だったらキャリアセンターに行きません

それでも私が大学生の親だったら――、キャリアセンターに出向くことはないだろう。理由は二つだ。

一つ目は、キャリアセンター関係者としての自己弁護になってしまうが、ただでさえ激務化が進行中の部署である。せっかく子供が真面目に就職活動をしていても、「困った親子だ」と烙印《らくいん》を押されないとは限らないからである。

二つ目は、キャリアセンターの関係者であるから思う相談相手としての限界だ。

キャリアセンター職員がどの程度のものなのかについては、第1章でつぶさに紹介した。

申し訳ないけれども、現状はあんな程度なのである。

第1章で扱わなかったことを持ち出すと、こんな限界もある。

これまでたくさんのキャリアセンターが、フロントランナー戦略を実行してきた。低学年次にキャリア支援講座を催し、参加した学生のうちの上位層二割を集中的に育てる方法である。二割に早いうちから面接対策講座、エントリーシートの書き方講座などの就職ノウハウを伝授し、学内のなになに説明会や就職に強いゼミの参加を強く促し、難関企業といわれるところの内定を取らせていく。そうすれば、「この大学からでもあんな会社に入れるんだ」というサクセスモデルの提示になり、下位層もより活発な学生生活や就職活動に取り組もうとの刺激になるのではないか。

そう真面目に考えて、フロントランナーを育ててきたのである。

でも、この戦略の失敗はすでに見えている。どんなに頑張っても一部の層にしか効果が表れず、もっとも手厚い支援が必要な層を切り落とすようになってしまう。上位二割はもともとアクティブで何事にも問題意識がある学生たちだ。つまり放っておいても自力で道を開いていく力のある学生たちの支援にばかり追われる。そのうちの何人かが「いい内定」までたどり着いても、その間に放っておかれた下位層にいい影響を与えることがない。戦略はからまわりしていたのである。

そしていま、自分たちは間違っていたらしい、と気づいたのが、進んでいるキャリアセンターの意識なのである。

先述した、低い就職率をあえて明かす早稲田大学、キャリア支援の業者丸投げをせずに自力でがんばっている幾つかの各キャリアセンターといった、まともなところもある。

しかし、現段階ではまだまだ例外中の例外だ。

そんな程度のキャリアセンターなるものに相談する暇があったら、社会人の先輩として親が子にできることはいくつもある。

親も勉強をしろというのではない。就活プロセスをおおよそつかんでもらえれば十分だ。そのうえで試していただきたい、私以外はあまりしないであろうアドバイスを、次の項で試みる。

2 もし私が就職活動生の親であったら――

有効な手立ては見つからないものの、キャリアセンターが就職活動生の親との連携を求めているのは事実である。現状は保護者に対する「お願い」という形で、HPなどを通じ助力を仰いでいる。

お願いの一つは、過干渉にならないでくれ、決めつけ押しつけは慎んでくれ、というものだ。時代がまるで違うのに、ご自身が大学生だった頃のやり方でいいのだと思って疑わない親御さんは意外といるので、わざわざ当然のことを言わせてもらうのである。

二つ目は、望ましい接し方のアドバイス。子供の話の聞き役にまわり、なるべく子供を否定せず、他の子供と比べず、とにかくその子と向き合ってくれ、というようなことだ。キャリアカウンセラーの基本姿勢を親に求めている。

三つ目は、親御さんが子供の就職状況をつかんでおいてください、とのお願い。キャリアセンターが就職状況を確認したくても、学生と連絡がつかないことがけっこうある。そんなとき、お世話になりますというわけだ。

他にもいろいろお願いしたいことはあるのだが、全就職活動生の親に共通して言うべきは少なく、教育機関としてどう接していいのかは難しい。

そんなわけで、ここでは学生の親御さん向けに、私個人の見解を述べる。もし現在の私が就職活動生の親であったら何をするか。実際の親御さんのヒントになれば幸いだ。

もし親なら——言いたいことは最初にぜんぶ言います

凍える身体を温めたくて身体を寄せ合いたいのだが、互いのハリが刺さるので近づけない。哲学者ショーペンハウエルの随想録の中に出てくる有名な「ヤマアラシのジレンマ」の寓話は、就職活動生とその親が陥りがちな関係をよく表している。

就活ピークの三月（応募書類で落ちだした時期）、そして五月頃（面接で落ちだした時期）には、あちこちで親子がヤマアラシ化する。

ナイーブになりすぎ、互いにどう接していいかわからなくなり、学生が実家暮らしだと親と一切顔を合わせなくなったりもする。

親のほうの不安はどこから出てくるか。

これは先述したように、いまどきの就職活動のプロセスがわからない、といった知識不足から発する。その点、ここまでお読みくださった本書の読者の方々は大丈夫だろう。

ただ、気をつけないといけないのは、大学のＨＰなどで紹介されている就活プロセスの内定時期についてだ。およそ五月から六月下旬に内定が出るとなっているはずだが、それを真に受けてはいけない。実際の内定時期は、五月から翌年の二月くらいまでに延ばして頭にお入れいただきたい。

　大学キャリアセンターは放っておくと何もしなくなる学生たちを早く動かすために、理想的な五月から六月下旬に内定を取るには逆算してこの時期に何をして〜、というロジックで就職支援のプログラムを組んでいる。が、大震災の二〇一一年がすでにそうは行かなくなったように、これから先はもっと遅い時期に内定を取る学生が増えていく。

　そこで「梅雨が明けても、うちの子には内定がひとつもない」と親が不安になってしまったら、子供まで心理的に追いこまれてしまう。ヤマアラシ同士のように距離を取っていても、不安は伝染するのでやっかいだ。これまでだって九月以降の求人もたくさん出ていたことだし、ここは親がドーンと構えている姿を子に見せたい。

　第３章で、就職活動生の不安は季節と共に移り変わると述べた。

親の不安にも段階がある。

当初は、「どこでもいいから内定を取ってほしい。うちの子は大丈夫だろうか？」という不安を抱く。子供がひとつ内定を取ってきたら欲が出て、「もっといい会社はないのか。内定を取った会社でいいのだろうか？」と思い始める。苦労の末、東京の優良企業の内定を取った学生でも、地方出身者だと親が、「地元の企業を受けないのか、もうこちらに戻ってこないのか？」と言い始める。女子学生の親にとても多いケースだ。

いずれの場合も、親の希望、親の言うことが急に変わると、親子関係がおかしくなる。そりゃそうだ。地方出身者のケースで、たとえばその女子学生は三年生の十月から本格的な就職活動を始め、四年生の五月にようやく念願の内定を手にした。八カ月間の頑張りが実ったのである。その直後に、あらためて地方の就職活動に励むことができるだろうか。ずっと東京にいたから地方の情報もあまりないし、かといって、このまま内定先に就職するのは親を捨てることのような気がしてきて、強い葛藤にさらされる。

親の希望を押し殺してください、と言いたいのではない。親の希望は一貫させてくださいというお願いだ。

親御さんに言いたいことがある場合は、子供が就職活動に入る前の段階で全部それらを口に出してほしい。前もって自分の考えや、都合を伝えてください。

親子の間に就職観のズレが生じても、それをどう考えるかは、その子なりその親なりの問題だ。結果的に喧嘩となってもいい。就職活動前にひとまず決着をつけてほしい。

親が子供の顔色をうかがいながら、少しずつ言いたいことを小出しにしていくのが、どちらをも不幸にしがちな最悪パターンなのである。

もし親なら——勉強嫌いの子供は学習塾にもぐりこませます

大学受験と採用試験が意外に似ていること、エントリーシートの文章や筆記試験の出来が悪くて落とされる学生がたくさんいることも先述した。

我が子が、客観的に見て勉強嫌いだという場合、これまで真剣に勉強をしている姿を見たことがなかったという場合、親は何ができるだろうか。

その対策くらいは学生が自分でやれと私も思うが、どうしても勉強から逃げてしまうタイプだったら、塾にもぐりこませる方法を勧める。

企業の筆記試験で問われるのは、中高レベルの国語と数学の基礎学力だ。だから、中学生・高校生の勉強を見るプロに頼ってみることを提案しよう。

大学受験予備校にもう一度行かせるとか、そんな高いレベルの話ではない。目指すはいわゆる町の補習塾だ。特に個別指導の学習塾であれば、いろんなケースに柔軟対応しているだろうから、たとえ生徒が大学生であっても一週間の短期集中講座などで教えてくれる可能性は大である。

短期集中で家庭教師をつける方法もありだろう。事実、大手家庭教師派遣会社が大学に盛んな売りこみをかけている。依頼したら、大学生が教えにやってきた、という冗談みたいな展開になるかもしれないが、一案ではある。

どちらにしても、試験勉強を教えるプロの下に子供を一定期間預ける選択肢を、親御さんは検討されるといい。つまらない勉強は強制しないとできない子供もいるので。

同じ「塾」でも、どこぞの業者がやっている就活塾のようなところに行くことは、私は懐疑的だ。これまで何万人もの学生を支援してきたカリスマ××による特別就活ゼミナール、みたいなふれこみのやつである。エントリーシートやSPI対策などの勉強モノも組み入れているとか、自己分析に力点を置き、面接対策やグループディスカッション対策で他と差別化を図るのが一般的である。

このたぐいを私はなぜ勧められないか。玉石混淆でカルトっぽいところにハマられたら気持ち悪いでしょう、という理由もあるが、それなりにちゃんと支援をしてそうな就活塾でも、「こういう場所で自分を磨かなければ内定は覚束ないのだ」という裏メッセージがどうしても読み取れてしまうのだ。そんなところに行かなくても内定が取れる学生ばかりを集めている塾もあるし、チープな講座を申し訳程度に開いて終わりという詐欺まがいの勧誘もけっこうある。

消費者庁の国民生活センターが、二〇〇九年から「就活商法」と名づけて気をつけるよう呼びかけているが、詐欺罪にぎりぎり引っかからない悪質商法は増えている。キャビン・アテンダント志望の女子学生を狙ったものがけっこうあり、不当な値段の英会話教室に誘ってくる。あるいは合同企業説明会の出口で就職活動生を待ち構え、「自信がなければ内定が取れない。自信をつけるための講座を特別に紹介する」と強引に迫ってくる。

人生経験の少ない学生は騙されやすい。騙されないためには、親が目を光らすことだ。具体的には、就職活動生が急に大きな額のお金を使うと言い出したときは要注意である。業者に説得され、数日間のちんけな講座のために十五万円を出そうとしているかもしれない。英会話教室付きだと、三十万円台もザラだ。

なよなよして元気のない学生がひっかかりやすいのだけど、子供がそういった額のお金をせびってきた、もしくは自身の貯金を使おうとしていることを察知したら、何に使うか用途をはっきりさせることだ。

キャリアセンターの個別相談で、就活塾に参加すべきかどうか学生に聞かれた場合、職員は「怪しいからやめろ」とは言えない。不法な商行為でなければ公的な立場の者は否定できないのだ。私は、「契約前に必ず講座を見学しておきなさい。それで大学でもできるような勉強内容ならば、お金をかける必要はないのでは」と言っていた。

より明確に、世の中には悪人がいるのです、と若者に教えてあげられるのは親である。就職活動は親の教育力を発揮できるシーンでもある。

もし親なら——軍資金は月二回ペースで渡します

お金の話を続ける。就職活動には予想以上のお金がかかる。

実家暮らしの学生でも、交通費で一日千円（昔のように交通費を出す企業は稀だ）、昼食も千円みておいたほうがいい。プラス、友達との情報交換で使うカフェ代に一日五百円。以上、三種の出費だけで、月に十日しか活動しない学生でも二万五千円かかる。それなりに動く学生で、二千五百円×二十日＝五万円。一カ月でそれだけふっ飛ぶ。

別途、応募に必要な書類代が一社あたり約千五百円（成績証明書百円から三百円、卒業見込み証明書百円から三百円、など一式を揃えて約千円、プラス郵送料が三百円から五百円）、三十社に挑めば四万五千円だ。

写真代もこだわれば万単位の世界である。ただし、顔に修整を入れまくって、いざ面接で実物をご覧いただいたらギャップにずっこけられました、という愚はおかさないように。女子学生だと美容院代、化粧品費がバカにならない。当然、スーツ代の数万円は削れない。

地方の大学生が東京で就活する場合は、長距離交通費や滞在費が必要となる。就職学生がよく使う夜行バスはすごく疲れる。できれば、行きは新幹線にしてあげたい。滞在は、クレバーな学生だと、大学内やネットで知り合った者同士で、アパートやマンションのマンスリー契約をしている。とはいえ、三食その他もろもろで貧乏旅行以上の費用はかかってしまうものだ。

このようにどんどんお金が出て行くのは、採用選考が集中する三カ月間くらいである。その間、学生はバイトを控えたほうがいい。だから、親御さんが財布役になるしかない。まだお子さんが低学年ならば、少しずつでいいから就活貯金をさせるといいだろう。

親御さんが諸費用の面倒をみてやる場合、大事なのはいっぺんにまとまった額を渡さないことだ。どんと使えるお金が手に入ると、少なからずの学生はパーッと使ってしまう。だから「言いたいこと」の逆で、就職活動の軍資金はちょびちょび小出しに渡すが吉だ。月二回くらいのペースで分割するのがいいだろう。

小出しの援助には別の効用もある。スネをかじるからには、子供は親に願い出ねばならない。離れて暮らしていても、電話をかける必要がある。そういう約束にする。さすれば、そのときに就職活動の状況を聞ける。

この時期、学生はとても空気を読むことに敏感だ。よほどのぼんやり学生でない限り、親に対して金銭的な負担をかけていることも気にかけている。

子供の状況を聞いたついでに、あるがままを話してやるといい。「就職活動は思い切りやってもらいたいけど、月三万円以上のサポートは無理だからね」とか、「うちの収入？そうね、お父さんの給料と私のパートで、月にならすと五十万円ちょっとかな」とか、「家のローンはまだ千二百万円ほど残っているよ。これからは教育ローンも返していかないといけないしね」とか。これを機にぶっちゃけるといい。学生にはまたとない社会勉強だ。

就職活動軍資金の話をするときは、「これが最後の教育費だからね」と、扶養期間の終了予定もあわせて告げるといいだろう。一度しかない就職活動に気合いを入れさせるためにも、だらだらと就職浪人させないためにも、だ。

近ごろはソー活（ソーシャルネットワークを駆使した就職・採用活動）を煽るＩＴ業者の声が大きい。「だから、スマホがないと勝負にならないんだって」と、子供が携帯電話からスマートフォンへの乗り換え、はたまた携帯とスマホの二台持ちを要求してきたらどう対応すべきか。

はっきり言って、ソー活のうちの企業による採用活動部分は内容がほとんどない（「人事のブログ」のような、どーでもいいツイッターやフェイスブックなどのお試しをしている企業があるくらい）。学生の就職活動のほうのソー活は、スマホがあればそれなりに便利ではある、という状況だ。

まずは、「ない」状態で行動させるのが常道だろう。どうしても不便だと言ってきたら、「具体的に何が？」と問うてみることだ。ＩＴ音痴の親であれ、出資者を説得できないようなプレイヤーの援助をする必要はない。

もし親なら――子供を会社の飲み会に連れて行きます

働く親は、就職活動生にとっての大先輩だ。歳が離れているので、就職活動の状況や方法はけっこう違うけれど、親が現役なら子はこれから同時代の働く大人になるわけだ。

大先輩として後輩（の卵）にできること。下戸《げこ》でなければ、酒を飲みに連れて行ってほしい。グラスを片手に男同士の本音を語り合う、のではない。会社に勤めている親ならば、部下や同僚との飲み会に我が子を参加させてほしい。

いろんな意味で気恥ずかしいことはわかる。そこをちょいと開き直って、職場の部下に対しては、「いやね、うちの息子も就職活動をするんだが、俺にはなかなか言えないこともあるようで、お前たち代弁してやってくれないか」というように頼んでもらえないか。

お世話になっている人の子、これから社会に出て行く子に接することは、こちらが思う以上にウェルカムで協力を得やすい。社会人の先輩として後輩（の卵）にもの申すのは、みなさんお好きなのだ。

で、なぜ、そんな飲み会に我が子を参加させるのか。

輪になった飲み会となると、複数人から意見が出る。会社に対して、仕事に対して、我が子に対して、いろんなことを言ってくる。結果的に、一人の意見や一事例に左右されにくくなるメリットがある。意外な話の切り口を仕入れることもできる。誰かの話をネタにわいわい議論になる社会人の姿を見ること自体、大変貴重な勉強になる。大学のどんなキャリア教育でも、ＯＢ・ＯＧ訪問でも体感できない集団の力学が学べるのだ。

下戸なら、親族や友人の飲み会に参加させてもらう方法もあるだろう。働く母親で、職場の女子会に娘を連れて行ったら、深い話が聞けそうだ。子供が嫌がるようなら、同じ就職活動生の友人も連れてこさせればいい。方法はなんだっていい。

勤め人ではない親の場合、自営業なら気の知れた取引先との飲み会でいい。教員なら、教員以外の友人を紹介してやってほしい。教員や自衛官の生活は、職場と家庭が地続きになりがちで、それは一概に悪いことではないのだが、他の世界の価値観と隔離されやすい。よって友人が難しいときは、親族のうち気心の知れた人に頼んでみる。

もちろん、親子でじっくり飲む夜も意義がある。

就職活動中の我が子が不満や不安を募らせているようだったら、一杯誘ってみてはいかがだろう。で、思いを吐き出させるのだ。

そんなのは友人同士でしたほうが楽だ、というのは、やや古い考え方かもしれない。就職活動生の特に面接選考期は実にナイーブだ。先に内定を取った学生がまだ取れていない学生を気遣いすぎて、コミュニケーションがとれなくなる。その期間のゼミが成り立たなくなってきている。ふだんからの上下関係や競争関係の積み重ねがなく、就職活動でいきなり「合格／不合格」が理由の説明なく出されるからだろう。

これまではグループ内の了解事項だったキャラで済ましていた人間関係が崩れるのだ。就職活動というのは、そういう意味では生ぬるい子供時代から一枚脱皮する成長の機会だ。それだけに精神的なダメージはでかい。

飲めない親子なら、タイミングを見て、おいしい物でもご馳走してあげてください。

もし親なら——シラフで仕事の詳細を説明します

働く大先輩として親が子にできること。飲み会に連れて行く方法が変化球だとして、やっぱり直球をど真ん中に投げつけてほしい件もある。

勤め人の場合、ご自身の会社の話をしてあげてほしい。いろんな話の仕方があるけれど、最初に会社の組織図を見せてやるところから始めるといいかもしれない。

うちの会社のヒット商品は、お前も知っているように×××だ。だが、会社はそれを作って卸しているだけではない。ほら、ここに企画という部署がある、こっちは経理だ、総務はこれで広報はその隣、さらに営業は第一課から四課まである。なぜ、こんなに分かれているのか、わかるか。それは営業部にこんな歴史があるからなんだ——。

親御さんの説明できる範囲内で、全体を教えてやっていただきたい。

そして、親御さんご自身が、入社後どこに配属され、どの部署を経て、いまはどこで具体的にどんな役割を担っているのか伝えてほしい。そうした話を聞くことによって、お子さんは入社してすぐにやりたいことができるわけではないと知るだろう。また、同じことを延々と繰り返すのではなく、ひとつの会社の中にいてもけっこう変化や波があることがわかるだろう。

やりたいことはいずれできるかもしれないし、やりたくないことをやることになるかもしれない。変化を見すえた「仕事」ってものが見えてくる。やりたいことができる会社を探そう云々ではなく、一人の企業社会体験から世界の広がりを感じさせるのだ。

自営であれば、取引先一覧を作って見せるのもいい。仕入れている会社、自分たちが納めている会社、どれだけ世の中にたくさんの会社があるか一目でわかる。で、ここから仕入れているのは△△△なのだけど、その商品の競合会社は他に二社あるんだとか、納品先はここが現在のトップ5だけどそれぞれにはこんな営業マンがいるんだとか、それぞれ一行コメントでも構わないので解説してあげる。すると無機的に並んでいる社名の表から、人の息が聞こえてきて、うんと伝わる質が違ってくる。

ご自身の仕事の信条、二度あった転機、いま半生を振り返ってといった、立派な話はできなくてもいいのだ。仕事の日常の細部を、ちょこっとだけ見せてやる。ディティールに現実を語らせる。そっちのほうが、学生にはわかりやすい。

大学生に企業研究をさせると就活ナビサイトと企業の採用サイトばかりを使う。それは「みんなが読む」記号の並びにすぎない。対して、親が語る企業の話は「自分だけが聞ける」一次情報だ。どんなに拙い説明でも、他に代えがたいライブだ。

酒の力を借りずに、さらさらっと話を聞かせてやることだ。

もし親なら——エントリーシートを読みあげます

何遍も言うが、就職活動生のエントリーシートで漢字の間違いや誤字脱字がすごく多い。主語と述語の不連続や、目的語の行方不明の具合も、中学受験生に見せたら笑われるくらいだし、やたらと「私」が頻出し、結局は好き嫌いの話をしているだけ、という駄文ばかりなのだ。

そうなってしまうのは、一に国語の学力不足、二に多忙による集中力の低下がある。

国語力のほうは塾にもぐりこませても、そうそうアップするものではないが、エントリーシートは会場で試験が行われるわけではない。添削はいくらやってもいい。とはいえ、作文の添削まで親が代行する必要はない。そのかわり、我が子が書いた文章を声に出して読んでもらえないだろうか。

音読すると、文章の粗がよくわかる。おかしい部分は子供もすぐに気づく。もし気づかないようなら、「ここ、意味わからないぞ」と指摘してやる。誤字を見つけたら、「これ、はずかしいぞ」と苦笑してやる。ストレートにダメ出しを出されても、親からならば過剰に落ちこむケースは少ないだろう。親に「読んでやるから寄こせ」と言われて、素直にエントリーシートを渡すような子供（親子関係）なら、何を言ってやっても大丈夫だ。

そんな親子関係でも、他人に自分の文章を読まれるのははずかしい。落ち度を指摘されると情けない。それが隙あらば自分を落とそうと構えている企業の人に読まれるものとなれば……。自ずと、文を綴ることの怖さと大切さを思うはずだ。

親がそこまで子供の面倒を見てやることに抵抗を感じる方もいらっしゃるだろう。でも、エントリーシートの音読は、親が全面的に文章指導するのとは違い、本人が自分で書いた文章を自分の国語能力でチェックする手助けなので、過保護な行為ではない。

逆に、「こう書け」「あのエピソードも使え」というレベルまで口を出すと、子供が親の力に依存してしまうか、反発の態度を示してくる。これは明らかに過保護な行為をしてしまったからで、もし口出ししたくなっても、そこはグッと我慢すべきだ。

キャリアセンターでもエントリーシートの指導をしているが、ピークの時期はめちゃくちゃ混むので、待ち時間がもったいない。だから、文章チェックくらいのことは、家で済ませる。親は音読するだけで、手助けができる。それも面倒なら、ご自身の前で子供に音読させればいい。ほぼ同じ効果が得られる。

他、勉強面では、ホワイトカラーの親ならおそらく購読している日本経済新聞の読み方を、我流でいいから教えてやる。

週刊経済誌でお好みのコラムがあったら、「お前はどう思う？」と読ませてみてほしい。あるいは、夜の経済ニュース番組を一緒に観てみる。バラエティ番組にツッコミを入れるように、コメンテーターのアナリストの見解を批評しよう。その内容以前に、こうした番組でも楽しめるんだ、ということを子供に見せるのだ。

また、第3章で学生にアドバイスしたが、『就職四季報』は最新刊が発売されたらプレゼントしてあげるといい。娘なら、『女子版』も一緒に計二冊。プラス業界研究本一冊をおまけしたって、なーに五千円でお釣りが来るのだから安い投資だ。買ってやっても読まない可能性は否定できないが、プレゼントしなければ子供自身が買う可能性は相当低い。

以上、もし親なら――と、いくつかの提案をしてきた。

もちろん、「うちは子供に任せる」という親はそれでもいい。ただ、黙って『就職四季報』を渡す程度はしてほしい、かな。

すべて放任は無責任だと思う。最初の耕し方だけを教えてやり、その先は自力で収穫までやらせよう。そして、どんな野菜を作ろうが、あとから文句を言ってはいけない。

キャリア支援力で比較する大学選び

高校生の子を持つ親御さん向けに、キャリア支援からみた大学選びの話をしておこう。

チェックポイントは二つ。一つは、学長がキャリアセンターのよき理解者である大学を選ぶことだ。大学という組織は役所に似た縦社会である。トップの理解なしに現場は動けない。学長が理解者である大学は、HPやパンフのなかで学長自らキャリア支援やキャリア教育について触れている。または、パンフの前のほうにページを割いている。

二つ目は、オープンキャンパスなどでお子さんが大学の下見に出かける際、キャリアセンターの設置場所を確認させること。入り口付近にあるか、わかりづらいところか。いいところにあれば、それだけ意識的に力を入れている証拠である。

最近は、キャリアセンターに独自のセミナールームを持たせる大学もある。少人数制教育の増加で部屋の奪い合いになっている中、授業スケジュールと関係なく自分たちの都合でタイムリーな講座を打てる意味は大きい。ただし、いくらタイムリーでもマンパワーが足らず、「グループディスカッション講座を開きます。応募枠十五人」など焼け石に水の規模になってしまっていることもある。そこまでチェックできたら大学見学力合格だ。

最終章

あとがきにかえて
——学生も企業もハッピーになるために

本書は、就職活動生、その保護者、あるいは人事関係者向けに、キャリア形成支援やキャリア教育に関わっている者だから見える就職とキャリアまわりの実態をお伝えしたものだ。

と同時に、大学の教職員や広く教育関係者、文部科学省や経済産業省で働く方々にも、知っていただきたいこと、聞いてもらいたい意見を語った。

キャリアセンターという組織の中でもがいてきた一人として、内部批判と改革の視点をいまいちど整理しておく。

- キャリアセンターのキャリア（経歴）は、それこそ少子化なのに大学生数増というむりやりな大学の生き残り策のために、突貫工事で作られてきた。だから企業社会の要請に対する「行き過ぎた適応主義」をためらいなく受け入れてしまったところがあるし、専門人材の養成システムもないままだ。
- しかも、就職課時代に唯一と言っていい武器だった企業からの求人票を、安易にウェブ化して使いづらくしてしまった。学生の個別相談でも、真に身のあるアドバイスはできなくて、無難に事が済むほうばかりを見ている嫌いがある。データ量ばかりを増やし、サービスの質を落としてしまった。

- 就職率、就職実績の操作はもっての外《ほか》だ。リアルな厳しさを公開し始めた早稲田大学に続く他大学が待たれる。
- 一方で、就職ナビサイトがもたらした採用試験応募者の爆発的増加に、企業の人事部も振りまわされている。とはいえ、当分、不況続きの買い手市場と見こんでか、採用活動の効率化優先で、ポテンシャルのある学生をじっくりみるという態度が消えてきている。
- ショーイベント化する企業説明会に、人事マンが口にするその場しのぎのスマートなきれい事。騙される大学生も堕ちたものだが、正面からツッコミを入れられないキャリアセンター職員も情けない。「学歴」や「個性」といったマジックワードをあらためて捉え直し、現実を踏まえた上で教育関係者としての言葉を取り戻さねばならない。
- 大学生の学力低下と幼稚化に目を背けてはいけない。学部教育の改革に期待したいが、キャリア教育においても働く上で基礎となるスキルと知力の育成プログラムを開発すべきである。同時に、現在行われている就職活動も、考え方と工夫次第で、学生を大人に成長させる格好の機会になり得ると心得たい。
- 一方で、学生の中にわずかながらアンチ大企業や中小企業志向といった、新しい仕事観の芽も出てきている。それらの落とし穴を教えつつ、学生が望む方向性には伴走していくべきだろう。

• 保護者とどう向き合い、なにを提供すべきかは、キャリアセンターの目の前にある喫緊の課題だ。親御さんたちの不安を解消し、就職活動生にとっての戦力となってもらうべく、大胆かつ誠実な言葉を紡いでいく時期にある。

以上が、本書の中で述べてきた要素だが、そこに収め切れなかった話をいくつか追加しておこう。

キャリアの学びをめぐる規模の問題

授業外のキャリア形成支援講座でも、単位化されているキャリア教育の授業でも両方に言えることだけれども、それらを上手に運営できるだけの人材が、大学の教員にも職員にもほとんどいない。

キャリアセンターでする個別相談は大事だ。でも、一対一の指導ばかりではマンパワーがいくらあっても足りない現実は深刻である。それを少しでも解消するには、三十人規模の講義や実習（ワーク）のある授業を行う指導者の養成が欠かせない。

どこでどう養成するかは各大学が模索していく事柄だが、キャリアセンターと学部の経済、経営、心理学などキャリア教育関連分野の連携で、資質のある若手教職員の中から少しずつ、しかし確実に育てていくのが現実的なのではないか。その過程で、ある程度の指導メソッドの雛型ができあがってくるものと思われる。そうなれば、現在は圧倒的な指導者不足であっても、雛型をなぞって多人数相手の話もできるキャリアカウンセラーが生まれてくるなど、可能性の下地は広がっていく。

キャリア教育に関しては、企業人で興味を示す方も少なくない。そうした方には、大学のミニ授業や、ゼミの飲み会などに顔を出していただけると助かる。互いに顔と名前が確認できるような規模、大学が経営的に必要としている五十人以上の規模の授業とは逆の小さな場でご自身の素顔を見せてもらいたいのだ。

コスト削減のご時世だからか、企業人にはたくさんの学生の前でまとめて効率よく話をするほうがいいという感覚の持ち主が多い。しかし、現状、それはまったく学生に通じていない。そういった方をゲストに呼んだ大規模授業は居眠り学生、おしゃべり学生の山ができる。学生の態度の悪さを横に置けば、申し訳ないが、話にリアリティがないからである。

小さな規模で、それこそ飲み会で学生がいらっしゃった企業人に質問をしまくれるような場であれば、話はまったく違ってくる。企業の方にとっても、いまの学生がなにを考えているのか把握できるだろうし、ご自身の提供したものの手ごたえを感じやすいだろうし、両者の得だと思うのだ。

キャリア教育・キャリア形成支援は「選択と集中」へ

人事系のコンサルタントなどの業者やキャリアカウンセラーが、大学の授業を受け持った場合の弊害について第1章で述べた。大学のふつうの授業をバカにしきって妙な方向に覚醒してしまう学生、自分探しの迷路から抜け出せなくなる学生が現にいるからである。が、誰がやろうとも、低学年次向けのキャリア教育科目はすでに学生の間で「楽勝科目」として認知されてしまい、ろくに話を聞くものが少ないという問題もある。

はじめはキャリアセンターの職員が、一、二年次向きのキャリア講座を開いた。が、参加者がとっても少ない。でもやっていることは重要だからと、それをキャリア教育科目として正規の授業にまわした。単位化して半ば強制的に学生に聞かせようとした、あるいは優秀とはいえない学生も単位目当てでやってくるだろうから、キャリア教育の底上げができると考えた。

結果的には、そう、大学側が学生をナメていたということになるのかもしれない。受講者は多くても、なにもそこで学ばず単位だけ取っていく学生が後を絶たない。

学内の教員が担当する科目では、下を向いて自分の学問の話を延々と続けるだけで、授業内容自体がなってないケースが多い。学生が自分の進路を考えるという趣旨から逸れているのである。

そもそもキャリア教育なんてものを私にやらせるのか、という教員の不満があり、また、学生の進路の視点から自分の学問の話を展開するといった発想と技術のある教員がほとんどいないからだ。

一方、外部の業者とか、キャリアカウンセラーとかを雇った場合には、大学教育とは別物の内容をやりはじめた。企業人のあるべき論から就職活動の話まで、それまでの就職支援の講座がやってきたことを間延びさせたような授業が多い。いい企業の見極め方、自己分析のやり方、社会人マナーなど、就職マニュアル本を読めば済むようなお話だ。

しかも彼ら彼女らに大規模授業を任せる大学が多く、面倒だから、出席をとらない、テストをしない、ちょっとレポートを書かせて終わり、となりがちである。学生は出るだけ出て机に突っ伏して熟睡して終了を待つという、非常に無駄な時間の使い方をしている者が主流だ。キャリア教育が、大学は楽して単位を取った者勝ちといった悪しき習慣を身に付けさせているようでは本末転倒だろう。

そんなこんなのキャリア教育期間を経て、三年次になっても結局、学生は「何をやりたいかわからない」「何から始めればいいんすかねー」みたいなことを言う。手間暇かけて授業を進めてきた教員のエネルギーがまったくの無駄になっている。どの大学でもこの層の学生がいっこうに減らない。

で、いまキャリアセンターは、これまでの成果が見えないようなキャリア教育に資源を投入し続けていていいのか、むしろシンプルに就職支援だけ力を入れていればいいんじゃないか、と揺れている。手詰まり状態で立ち尽くしている。

これから先は、一昔前にビジネス界で流行った「選択と集中」をやっていくべきだろうと私は思う。ただ、大学階層や大学のある地域によって、就職事情は大きく異なる。それぞれの現実を前提とした改革が不可欠だ。

キャリアセンターと大学教員との連携はまだまだ甘い。

教員のゼミで内定のなかなか取れない学生は大学に来なくなる、という事態が上位大学でも出現している。それで困った教員はキャリアセンターを利用すればいいのだが、いざそうなると誰に相談していいかわからない。学生にも「キャリアセンターの××さんに相談してごらん」といえない。そのくらい関係の薄い教員のほうが一般的なのだ。

特に大規模大学だと、同じキャンパスで働く者同士が顔と顔が見えない関係にある。皮肉なことに、就職困難校は危機感が高いため、教職員の連携がしやすい。

キャリアセンターにとっても、教員との距離が遠いことはデメリットでしかない。独自のイベントを開くにも、単体では告知力がないのだ。実際、掲示板で告知するくらいしか方法がない。授業中の教員がひと言伝えてくれると非常に効果的なのだが、教員によほどの理解がないとダメだ。伝統校の法学部あたりには「なんでそんなことをやらなきゃならないんだ」とヘソを曲げる教授が少なくない。

教員との連携体制も「選択と集中」で少しずつ整えていけという話だ。

大学は二極化すべきか否かの大議論

私は幸いにも地方の無名校から東京の大規模校まで、いろいろな大学でキャリア形成支援やキャリア教育に携わってきた。いろんな大学階層の学生を見てきた。

大学教育の行く末として、アカデミック追求型と職業教育校の二手に大きく分かれていくのではないか、という議論がずいぶん前からある。大学教員をはじめとする知識人たちがさまざまな大学論を展開しているが、正直言って、ご自身が勤めている大学階層の中でのみ通じる議論をする方が大半だと思う。最上位と上位と中堅と下位と底辺とでは学生の質も世間からの扱われ方もこんなに違うんだぞ、ということをあまりご存じなく、というかわざとスルーしているような方も散見され、大学論の本を読むたびに私はどこかしら不満を覚える。

アカデミック追求型と職業教育校の二分化は、自然とそうなるというより、積極的に分けていったほうがいいと私は考えている。中途半端に並存させるよりかは、はっきり分けたほうが学生も教職員もビジョンを共有しやすい（もちろん、職業教育校においても、基礎学力が求められることは言うまでもない）。

そもそもこの話はややこしく、自民党政権時代から国が動いていて、専門学校の四大化、職業人に直結した教育機関とアカデミックな大学とが並存する社会へ、という現実主義と理想主義のいいとこ取りみたいな高等教育改革が進んでいた。

専門学校が突貫工事で四大化し、あっさり潰れてしまったところもある。で、その後は教養教育の復権の流れも出てきて、やたらめったら学部の再編が行われていき、学際的なのはいいけれども学生にとっては何を学ぶところなのかよくわからない学部がいっぱいできた。

しかし、教養教育の意義は十分認めた上で、私はある程度職業を意識した教育プログラムを提供できる大学も作るべきだと思う。アカデミズムと程遠い学生は増えている。が、他に行き場がないのだから、大学生を減らすわけにもいくまい。だったらまず、ボーダーフリーと言われる底辺校から脱アカデミズム化、職業教育校化を起こしてもいいのではないか。

もちろん、この問題は単に大学や高等教育機関の設計だけの問題ではなく、日本の労働市場とリンクして考えなければならない。日本の労働市場は多職種経験型の人材育成をする。最初に営業、次は事務、次に工場管理といったようなキャリアを積ませる。

対して、職業教育校化する大学では、営業志望者なら営業職に必要な知識や能力を身につけてもらうということになるわけだが、企業側が職種別採用を増やさなければ大学がいくら教育の創意工夫をしたって意味がない。常に労働市場と連携して進めないと空回りして大学が潰れてしまう。

この件は、もっと私も勉強を深めたい。現状は、ほとんどの大学が職業教育校化に反対している。本物の専門学校に子供を取られてしまうからだ。また、超安定した正規の大学教員が失職する危険性だって生じてくるからだ。

就活不要論に私は反対する

就職活動なんて慣習が日本からなくなればいいんだ——そういう議論もちらほら聞こえる。124ページの「新卒一括採用」についてのコラムでも述べたが、現在の就職活動がさまざまな問題を抱えていることには私も同意しても、ここから先はもう子供ではないと一線を引く通過儀礼としての意味を侮らないほうがいいと思う。

それと同時に就職活動は、本気で働く力を身につける最初の機会だ。本来のグループディスカッションや面接は、ビジネスでいろいろな相手と意見交換することに重なる。アポをとってOB・OG訪問をするのも、飛び込み営業の準備体操のようなものだ。エントリーシート作成は、企画書などの書類作りに通じる。

まんま企業社会で必要とされる仕事を模擬体験できるのが就職活動なのである。だから辛くて、ときに理不尽でも、ちゃんと全力で取り組むことは、その後の社会人生活の基礎を形成するすごく重要な体験であると私は言いたいのだ。

バーチャルな情報や、説明会のおかしなショーや、採る側も採られる側もキャッチーな言葉を探しっこしているとか、そういう点はバカバカしい。しかし、学生がいままでやったことがないことを恥もかきながらやる就職活動の大部分は貴重な勉強である。

ただ、こう話しても、学生にはどこか精神論的に聞こえてしまいがちだ。

それは何が問題なのか？

学生と企業の間に業者が入ってしまい、互いの顔が見えなくなってしまったことが最大の原因だと思っている。企業人だって真面目な学生と直接触れ合えば、「いまの子いいね」という反応がふつうにある。学生も企業人とゼミなどで話せば、「ああ、そうつながっているんだ」という発見がほとんどなのだ。先述したように、膝を突き合わせるような小さな規模の場をもっと作れば、お互いがハッピーになれる。

いまのドタバタした就職・採用活動中に、互いが膝を突き合わせることはごく例外的な一部企業の場合を除いて不可能だ。しかし、大学教育の中で、もっとゆっくり少しずつ互いを近づけることはできる。

就職問題にスパッとした解決策はない。が、まだまだやり方はある。
焦らず手を抜かず、やれることをやっていけ。
自分にも学生にも言い聞かせている処世術だ。

（了）

著者略歴

沢田健太（さわだ・けんた）

民間企業で営業職や人事職に従事。その後は、教育分野に転身。複数の大学（キャリアセンター）にて、キャリア形成支援に携わる。現在の主な関心事は、「就活と若者の不安」「正解を求めようとする就職活動生の意識」「大学におけるキャリア教育の今後」など。

ソフトバンク新書　177

大学《だいがく》キャリアセンターのぶっちゃけ話《ばなし》

知的現場主義の就職活動

2011年10月25日　初版第1刷発行

著　者：沢田健太《さわだけんた》

発行者：新田光敏

発行所：ソフトバンク クリエイティブ株式会社
〒106-0032　東京都港区六本木 2-4-5
電話：03-5549-1201（営業部）

装　幀：ブックウォール
企画・構成：オバタカズユキ（株式会社連結社）
組　版：アーティザンカンパニー株式会社
印刷・製本：図書印刷株式会社

ISBN 978-4-7973-6647-1